SCRIPT
For a Better Malaysia

昌明大马

［马来西亚］安瓦尔·易卜拉欣◎著　闫立金◎译

(Anwar Ibrahim)

电子工业出版社
Publishing House of Electronics Industry
北京·BEIJING

© Copyright Anwar Ibrahim and Centre for Postnormal Policy and Futures Studies (CPPFS) 2022. All Rights Reserved.

本书中文简体版专有翻译出版权授予电子工业出版社。未经许可，不得以任何手段和形式复制或抄袭本书内容。

版权贸易合同登记号　图字：01-2024-3911

图书在版编目（CIP）数据

昌明大马 /（马来）安瓦尔·易卜拉欣（Anwar Ibrahim）著；闫立金译. -- 北京：电子工业出版社，2024. 8. -- ISBN 978-7-121-48569-5

Ⅰ. K933.8

中国国家版本馆 CIP 数据核字第 2024BP1296 号

责任编辑：黄　菲　　文字编辑：刘　甜
印　　刷：北京缤索印刷有限公司
装　　订：北京缤索印刷有限公司
出版发行：电子工业出版社
　　　　　北京市海淀区万寿路 173 信箱　邮编：100036
开　　本：720×1000　1/16　印张：12.5　字数：180 千字
版　　次：2024 年 8 月第 1 版
印　　次：2024 年 8 月第 1 次印刷
定　　价：128.00 元

凡所购买电子工业出版社图书有缺损问题，请向购买书店调换。若书店售缺，请与本社发行部联系，联系及邮购电话：(010) 88254888，88258888。

质量投诉请发邮件至 zlts@phei.com.cn，盗版侵权举报请发邮件至 dbqq@phei.com.cn。

本书咨询联系方式：1024004410（QQ）。

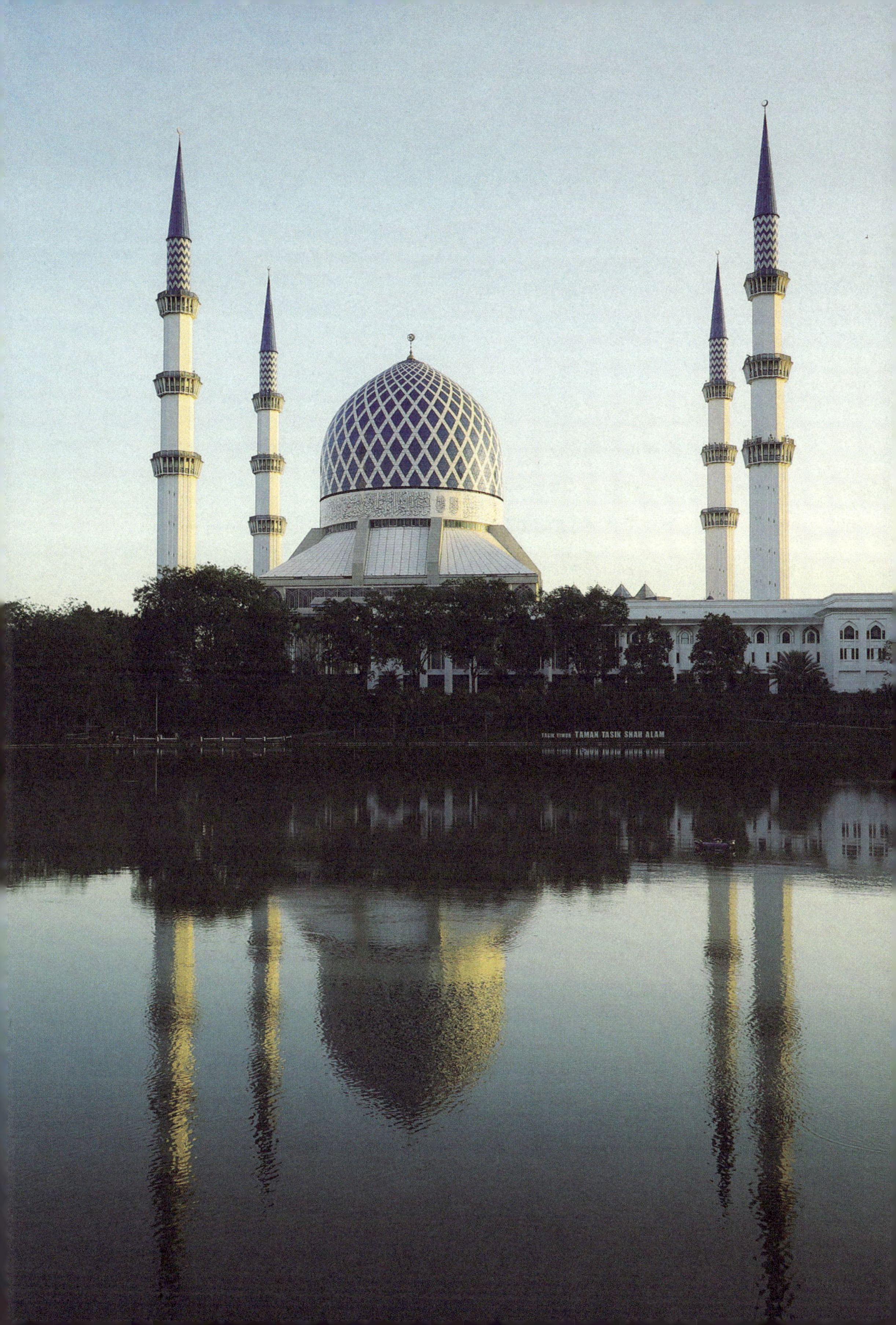
TAMAN TASIK SHAH ALAM

Script /skrıpt/ 名词

在词典中的含义：

1. 与印刷字不同的手写字；书写字符。

2. 模仿手写的字体。

3. 书写系统或字母表。

4. 剧本、电影或广播的文本。

5. 考生的笔试答案卷。

6. 法律；原件与副本的区别。

7. 心理学；个人通过文化影响和与他人的交往而形成的适合特定情境的角色或行为。

特定含义：

8. 昌明大马；一个为马来西亚的未来提供全面的、具有实践性与包容性的愿景和政策框架。

在本书中，"SCRIPT"作为一个缩写词（Acronym），特别阐明为"昌明大马"——可持续性（Sustainability）、关怀与慈悲（Care and Compassion）、尊重（Respect）、创新（Innovation）、繁荣（Prosperity）和信任（Trust）。这一含义是本书作者安瓦尔·易卜拉欣为绘制可实践的宏伟愿景与政策框架而专门设计的，并非词典中的标准释义。

译者序

在中马建交 50 周年的里程碑时刻，我深感荣幸获得了马来西亚第 10 任总理安瓦尔·易卜拉欣先生的授权，负责翻译并出版其鸿篇巨著《昌明大马》。这不仅代表了荣誉，更承载着重大的责任。安瓦尔总理的这部作品深刻揭示了昌明大马的精髓，详细剖析了其核心概念、政策框架及其在后疫情时代的运用，这是立足马来西亚自身进行执政的宣言。昌明大马旨在构建一个全面的、具有实践性和包容性的愿景和政策框架，为马来西亚的未来发展指明方向。

安瓦尔总理在本书中敏锐地指出，马来西亚乃至全球正在步入一个充满不确定性、快速变化和复杂性加剧的后常态时代，传统的思维方式和应对策略已不足以应对新的挑战。因此，他提出了昌明大马这一治国理念，并提议将其作为马来西亚社会向前迈进的指南。昌明大马的核心包括六大驱动因素：可持续性、关怀与慈悲、尊重、创新、繁荣和信任。这些因素构成了马来西亚执政理念的基石，为马来西亚构建繁荣、昌盛的未来提供了有力支撑。"我们必须努力，以便这些价值被更好地推动及落实。"

安瓦尔总理强调，马来西亚的多元文化及文明交融是其独特优势，必须传承马来西亚的优秀文化，同时包容多元文化。他最关注的是民生，倡导尊重和包容不同的文化和价值观，同时鼓励人民积极参与社会事务，共同打造一个全新的马来西亚。通过透明的、负责任的治理，他期待构建一个更加繁荣、公正和包容的马来西亚。

在本书中，安瓦尔总理深入解析了昌明大马的六大驱动因素，并从经济/金融层面、法律层面、机构层面、教育层面、社会层面、文化层面、城市层面、乡村层面等阐述了治国理念。他直面后常态时代的挑战，将昌明大马作为应对挑战的治国理政框架。他提出了多项重点政策，包括优化政府运作、保障人权、减轻低收入群体负担、普及高等教育、发展可持续的住房、推动科技创新和可再生能源项目、改革教育体制、加强民主法治建设等，以重建马来西亚并推动其在经济、社会等层面的全面发展。

《昌明大马》中文版在中国正式出版发行，相信会为两国关系注入新的活力。这部作品不仅有助于中国读者深入了解和研究马来西亚，更对推动两国命运共同体建设具有积极意义。在此，我衷心感谢为《昌明大马》中文版出版发行付出努力的电子工业出版社的各位同仁、马来西亚参与翻译出版的同事、封面肖像画作者李士良老师等所有相关部门和人员。正是有了大家的共同努力和支持，中国读者才得以分享马来西亚安瓦尔总理的智慧与治国愿景。

引言

　　我们一起度过了数十载的艰难岁月。每天早晨醒来，我们都竭尽所能地提升自我，以改善家庭和社会，在过去的几年，更凸显了这一事实。我们每个人的不懈努力，共同铸就了今日的马来西亚，但令人遗憾的是，这伟业却被一片阴影所笼罩。我深深感受到大家对政治家日益增多的质疑，更为悲哀的是，彼此之间的信任逐渐流失。虽然如此，我们却不应忘记，正是大家的牺牲、坚持不懈及在逆境中勇往直前的精神，帮助我们度过了新冠疫情（简称"疫情"）时期的政治和经济危机。此时此刻，我们正站在历史的转折点，我们需要团结一致，尊重彼此的多元性，好好地思考如何让我们的国家更繁荣，如何对抗腐败和不平等，如何实现年轻人的远大愿望，以让他们取得更大的成功，拥有比我们更伟大的梦想，为国家塑造一个更美好的未来。

　　此时，我们不能只满足于"仅仅足够"的状态了，我们必须从被动地接受"事情总会变化"的观念，转变为积极地"改变事情"。我们一定要铭记，我们是从一个强大的起点出发的，我们是一个体现了议会民主和君主立宪制全部荣耀的国家，是一个拥有丰富历史和遗产的多元文化社会。多元性是我们的一大优势，但为了迈向繁荣的未来，我们必须站在一起，成为一个和谐的民族，共同努力，共同成长，反思自己如何为社会贡献力量。通过透明的和良好的治理，我们可以共同打造全新的社会契约，消除那些阻碍我们进步的恐惧和不信任。我们必须摆脱那些将自己视为听众和追随者的观念，以成为积极融入各个族群并掌控自己未来的角色。唯有这样，我们的孩子才能够过上比我们更好的生活，让这个他们所认识的世界变得更加美好。在集体责任和"烈火莫熄"（Reformasi）改革精神的领导下，我们一定能够扭转局势，追求我们所渴望的平等、正义和繁荣。

马来西亚历史上的空洞承诺必须在这里被终结。我们不应再被要求"等着瞧"或信任那些不可靠的"相信我们"。几十年来，一届又一届的政府承诺的改革，使这些词语失去了原本的意义。即使是"新"这个词也被贬低了，都是旧事重提，并非什么新事物。如果只是重复旧事，没有吸取教训，没有改进，便不能称之为"新常态"。那些管理不善、腐败、分裂和争执已对我们的国家造成了非常严重的损害。现在，我们也面临很多迫切的问题，如马来族的贫困、环境退化、族群缺乏凝聚力，经济衰退，导致国家的建设被严重牺牲，穷人的需求和关怀被忽视，富人和精英不断累积财富，最后族群间的恐惧和怀疑不断升级。我们不仅在人民平等上失去了立足点，在卫生和教育上也有所退步，国家经济因此不断地恶化。在国际上就算我们不被视为笑柄，我们也被视为一个分裂的、腐败的、渺小的，甚至是种族主义的国家。马来西亚目前迫切需要透过透明的和负责任的治理，以重建一个充满关怀和慈悲的马来西亚，成为一个可持续的社会，让众多不同的族群聚集在一起，并达致繁荣昌盛。马来西亚的人民生活在一个拥有不同宗教和种族背景的社会，社会的构成中带有不一样的规范和价值观，但通过集体合作，一定可以建立一个公平、公正的马来西亚，让各个族群团结一致，抛弃族群观念与单一意识形态，基于相互尊重和包容，共享昌明的马来西亚。马来西亚的民主化应该通过不间断的对话，以知识性、主动性和创新性为引领，并在尊重的基础上与彼此互动，以促进公正、平等和平衡的进步理想。

> **❝ 随波逐流的态度是指人们被动跟随事态变化而采取的短期的应变行为，与之相对的主动求变的态度则必须建立在长远规划、认真思考和理智行动的基础上。人们通过持续的系统化的思考，通过落实精准定义的各类概念和标准，通过追求包含广大民众共识的目标，来实现'敢教日月换新天'的宏大叙事。❞**
> —— Anwar Ibrahim, *From Things Change to Change Things*, p21

我们必须意识到，这些目标并不能通过传统的方法实现，这是因为我们现在生活的世界已经发生了巨大的变化，快速的变化已成为常态，我们比以往任何时候都更加需要互联互通；社交媒体和即时通信平台能瞬间将信息传遍全球每一个角落，触及每一个个体。可是，在一个封闭的社交圈里，人们会瞬间接收到完全不同的虚假信息。激烈的矛盾，常常表现为对立的意识形态立场、公民差异及公开的冲突，这已经严重侵蚀了人民对政治和政治家的信任。一夜之间，所有已建立的理想、想法和概念可能被颠覆；"真理"本身正受到"后真理"的打击，即使是拥有科学佐证的事情，如气候变化，也可能受到质疑和忽视。无人机、机器人、人工智能、3D打印和基因工程正在改变我们的星球。世界日益变得复杂，每个问题都与其他问题紧密相连，导致我们难以寻得简单的解决方案。我们常常同时面临一场又一场的危机，这使我们越来越接近混乱的边缘。在这个快速化、全球化、网络化的世界，到处充满了矛盾、复杂和混乱，我们已经进入被恰当描述为后常态时代的新阶段。气候变化的影响早已预示了这一点，正如我们现在看到二级和三级灾难在实时发生一样。我们在疫情中所遭受的一系列伤害证实了我们已经处在后常态时代。

在后常态时代，传统的解决问题的方式及政策制定模式已不再适用。事实上，许多我们习以为常的事物，到目前为止，都无法解决我们现在面临的极度复杂且互相关联的问题。追溯到亚当·斯密（Adam Smith）的传统经济学，那些错误的假设不断被揭露；许多前卫的经济学家现在将经济视为一个复杂的自适应系统。在这个系统中，聚合行为通过其众多组成部分的相互作用和复合反馈而产生，不可避免地给每个人、商业组织和政府带来了"未预见的后果"——当然，还有我们甚至没有考虑到的事物，比如看似不重要的微小病毒。传统的规划和政策制定模式现在已不足以应对这些挑战，大数据的出现彻底改变了预测的方式，但其复杂性也增加了人们的无知，这常常会被忽视和不被理解。不确定性成为唯一可以依赖的东西。这一现实现已被世界银行认可和接受。在过去两年中，大家已经看到我们自己的政府和各个部门在后常态时代的困境中挣扎。我们遭受了从北到南的历史性洪水侵袭，这由无知个体未经反思和自私的行为所致，他们没有考虑到这些行为将对我们及马来西亚未来几代人产生非常深远的影响。

这就是为什么我们需要对后常态时代保持警觉，并认识到大多数问题是相互关联的，而且需要不同领域和部门协同，形成政策框架。这将是以全社会的努力去面对未来需求和挑战的全新意识。我们自己应做好准备，学会在后常态时代中生活。

过去，在寻找新方向、新想法，甚至是政治上的口号时，我们的领导人往往向外看。过去的政府，对他国政策充满向往，仿佛这些国家已经找到了所有问题的答案。我们的领导人盲目地追从其他国家的价值观、文化规范和成功，却认为以我们马来西亚内部丰富的文化与历史作为成功的基础是徒劳无功的。这是我们政策的第一个改革点，我并非要贬低其他国家的文化和理念，恰恰相反的是，该政策的基础就是对所有多元思想的尊重。我们之前的政府很少深入探究过我们马来西亚人的本质；在这充满活力的多元文化社会中，这项任务说起来容易做起来难，但其重要性和价值在于推动国家进步和激发国家的潜力。马来西亚现在需要的政策必须抛弃那些让我们在泥潭中空转的传统观念，将视角聚焦于后常态时代，并且还要保留并增强我们共享的马来西亚价值观。

> **❝** 欢迎来到后常态时代。这是一个外界几乎没有什么可以被信任或给予我们信心的时期。我们这个时代的精神，以不确定性、快速变化、权力重组、动荡和混乱行为为特征。我们生活在一个过渡期：旧的观念正在消亡，新的观念尚未形成，多的是不合常理的事情。**❞**
> —— Ziauddin Sardar, *Welcome to Postnormal Times*

昌明大马正是为此而设计的。

我们的重点是可持续性、关怀与慈悲、尊重、创新、繁荣和信任——这些是昌明大马的主要驱动力。我们必须重新掌握定义权：我们需要以我们自己（马来西亚）的方式定义我们的目标和愿景。我们需要对基本术语进行定义，以及对每个术语所追求的目标或愿景进行简单陈述。

可持续性的概念经历了许多转变。最初定义为"满足当代人的需求而不损害未来世代满足其自身需求的能力"，它常常与发展结合在一起，成为可持续增长和无限制扩张概念的积极修饰词，然而，未来的维度经常被忽视。但按定义，可持续性是一种面向未来的实践。没有对未来的强调，就不能被称为可持续性，这就是为什么"可持续发展"的概念受到严厉批评。最近，人们开始转向"可持续未来"，这被视为一个更中性和面向未来的概念。现在，可持续性寻求的当然是"维持"。但关键问题是，我们试图维持什么？当然，我

> 进步和繁荣的关键不在于满足我们已经取得的成就，而在于为未来付出更大努力的坚定决心。

—— Tunku Abdul Rahman Putra, *First Malaysia Plan*, 1965

们寻求为马来西亚维持一个可持续的生态和环境；我们丰富的自然资源需要得到保护，这意味着我们的经济政策和目标必须与可持续未来的目标相符，但我们必须走得更远。我们追求的可持续性，应涵盖各个族群、城市与乡村地区，多元文化、丰富的历史遗产、民主制度及每个人的经济与心理福祉；可持续性应被视为一个全面、互联的概念，它渗透到我们国家的每一个角落，触及我们日常生活的每一个层面。

> **这种对有钱有势者的钦佩乃至崇拜，以及对贫困卑贱者的蔑视或至少是忽视的倾向……是我们道德情感败坏的一个重大且极普遍的原因。**
>
> —— Adam Smith, *The Theory of Moral Sentiments*, p73

因此，我们特别强调关怀与慈悲。我们追求的是一个可持续的社会，我们关心那些贫困者、边缘化群体及以往被忽视的社会成员，并感受他们日常面对的痛苦，我们有责任确保他们拥有足够的收入来维持可持续的生活。在商业实践中，我们必须融入对环境、员工和公众的关怀，也需促进慈悲心的管理。法律框架的制定势在必行，以确保关怀与慈悲成为我们日常生活的基石。

社会中的贫困者所遭受的不仅仅是经济上的困难。他们被忽视、误导、嘲笑，并被剥夺尊严——这些都使得贫困的后果更难以承受。尝试量化贫困者的痛苦是徒劳的；在没有解决方案的情况下，定义和区隔社会中较弱者的做法只会掩盖问题，或者期望问题自然消失。乡村贫困者的困境最早由已故杰出经济学家、马来亚大学校长翁姑·阿都·阿兹（Ungku Abdul Aziz）在20世纪50年代末期提出。然而，多年来，马来西亚的发展并未达到人们的期望，人们的状况也未得到改善。

> ❝ 多元性是一种超能力。关于思维效率、创造过程、学习能力，甚至是大脑健康跨度的每项研究都表明：多元性是关键。❞

—— *Wired*, May / June 2019, p30

马来西亚中产阶级也面临着危机。这些中产阶级乃是国家经济增长的引擎，而这一群体正在逐渐流失。底层的人们陷入持续的贫困循环，而上层的人们则勉强满足传统意义上的"中产阶级"的最低要求。一个强大的中产阶级不仅能够支付账单，更应该能够繁荣发展，享受安全、舒适和对其单位充满信任。他们在夜晚能安心入睡，因为他们知道政府正在竭尽全力保护他们的安全，并在困难时期提供援助。我们的人民是国家最宝贵的资源，是经济增长的源泉，因此，尊重必须成为议程中的最重要一环。尊重的意义在于要求社会中的每个人，无论其背景如何，都应受到有尊严的对待，免受任何形式的骚扰——特别是来自腐败分子的迫害。正如腐败社会学的开创性思想家赛胡先·阿拉塔斯（Syed Hussein Alatas）教授所指出的，腐败已经在马来西亚社会中根深蒂固，以至于变得"极其压迫"。

我们需要学会尊重诚信、正直和公平交易。我们需要尊重所有人、他们的族群、信仰和生活方式。我们需要媒体，尊重真相、公平和隐私，保持无偏见、无成见、无政治干扰。我们必须尊重家人、员工。我们还需要尊重自己，以有尊严的方式行事，对自己的身体负责，关注健康和心理福祉。这需要我们重新塑造尊重的文化，这一直是马来西亚社会的基石。同时，我们还应该塑造一种尊重的政治，这不仅需要尊重我们的民主——在政党内部和全国范围内自由、公平、无腐败的选举——还需要一个透明、有责任的政府，倾听人民的声音，关注国家的需求，从错误中学习，并尽其所能履行其职责。

我们面临的紧迫问题错综复杂——从促进环境可持续发展到创

建 21 世纪的治理体系，从贫困者到学生贷款，从农民的困境到联邦土地发展局（FELDA）垦殖民的债务，从促进平等和尊重到恢复机构的独立性，从改革医疗系统到提高教育标准，从疫情中恢复到应对商品价格、通货膨胀和生活成本背后的一系列问题，从应对区域和全球冲突到在复杂世界中发挥积极作用——所有这些都离不开一个强大且可持续的经济；当然，这同时也促使我们培养创新和企业家精神。

我们需要超越自身的内在预设、心理构建和感知界限，这些限制了我们的批判性思维，以及恰当地判断问题、提出解决方案及发现新机会的能力。经济中的所有生产性部门都必须进行创新和根本性变革，以适应工业 4.0、农业 4.0 及其他即将到来的变革。未来，技术将彻底地改变就业市场，尤其是自动化、机器人技术、大数据与高级分析、人工智能及其他无法预见的新兴数字技术。我们必须充分准备，应对工作中的变化，其中许多现有的职业将被新兴的职业取代；随着居家办公和数字会议的增加，工作空间的概念也会随之改变。我们还需要预测零工经济可能带来的变革，政府必须做好准备应对这些新变化，以避免对人民造成冲击和经济困难。我们需要为下一代建立一个具有挑战性的就业市场，在这个市场中，创造力和创新将受到高度重视。数字原生议程 23（DNA23）为我们提供了一个起点，以加深对未来技术的了解。DNA23 帮助我们预见数字经济带来的挑战，便于我们为人工智能和自动化在工业中的崛起做好准备，并通过前瞻性的洞察，引导马来西亚平稳度过这一转型期，最大限度地减少损失，同时利用数字时代提供的增长机会，让我们之中没有任何人被遗忘或忽视。

> **马来族群贫困的原因可归为四个因素：低生产率、被剥削与受害、被忽视及政府倾向于发展城市的政策。**
> —— Ungku Abdul Aziz, *Jejak-jejak di Pantai Zaman*

  我们不能用短视、墨守成规、不加批判和机械化的方式应对未来，这些方式曾导致过去的失误。因此，我们的教育系统也必须进行创新改革。在后常态时代，复杂且相互关联的问题需要用跨学科、超学科和多学科的视角来解决。目前，我们大学的学科结构阻碍了跨学科、超学科和多学科研究。我们需要在大学中创建"无墙部门"，打破现有学科壁垒，以推动不同学科的探索。在后常态时代，学生必须具备不同学科的思考能力，以及跨学科的视角。年轻人不仅要为工业4.0和农业4.0做好准备，还要为其后的发展做好准备，并继续在未来经济中发挥作用。因此，大学必须与工业、农业、制造业和商业，以及社会中的文化机构建立更有效的联系。自上而下的教学应该被参与性和协作性的教学取代，重点放在可持续性、未来素养、批判性思维、解决问题的能力、创造力、适应能力，以及社会和文化意识上。学生的学习方式和我们教给他们的内容同样重要，教导他们不熟悉的内容比他们自认为熟知的内容更重要。我们需要的不仅仅是简单的课程审查，而是社会和文化的转变。

  和可持续性一样，繁荣对不同的人有着不同的意义。普遍意义上，繁荣与经济上的成功、个人选择的意识形态、个人特权的获取和消费有关。我们已经让更多的人享受到了消费主义,却未能构建一个可持续和分配性的繁荣视角。猖獗消费主义的后果是产生了不安全感并增加了无力感。人们通过所拥有的物质来彰显社会价值,结果就是社会不平等更加严重。我们需要一个更有意义的繁荣概念,这不是基于物质选择和消费主义,而是基于更全面的幸福观。基于伦理满足的繁荣将植根于族群,而不是对更多物质的永恒追求。它将个人关切与社会责任相结合;这种状态涵盖了对他人的义务和责任,实际上是对整个自然和社会的责任。因此,繁荣必须包含可持续性的概念,以及对他人的关怀与慈悲,对个人、族群、机构和环境的尊重。繁荣应该是归属感的一种功能,根植于族群、传统、历史和价值观的矩阵中,并在共生的基础上定义进步。树木不会无限制地生长,它达到一个自然的高度后,便开始为环境提供养分。这是方程中不变的部分,是我们身份和神圣性的源泉,也是繁荣的秘诀。要迈向这种全面的繁荣,必须从认识到新自由主义经济未能解决不平等和社会包容性等方面的问题开始。事实上,现在人们普遍认为,资本主义本身正在崩溃,它是问题的一部分,而不是解决方案的一部分。新自由主义经济导致了过度的市场自由、不合理的减税、财政紧缩、严重的不平等和经济错位。我们需要将经济视为一个复杂的系统,其中包含一系列相互联系和相互依赖的元素。就像花园一样,它很少处于完美的平衡状态:花朵总是在生长和凋谢之间循环。就像花园一样,如果放任自流,完全靠自己,可能会导致严重的不平衡——甚至是混乱!因此,我们需要判断:哪种经济增长是好的,哪种对社会有害,哪种将增强包容性,哪种是可持续的,以及哪种将破坏环境。

> **❝** 在一个充斥腐败的社会中，腐败已频繁地在多个方面悄然侵入了我们的生活。孩子们在小学时期就已经暴露在其破坏性的影响之下。腐败成为日常可见的一部分。一整代孩子在其阴影下成长。这将对个体的性格产生什么影响，无疑是值得我们担忧的。**❞**
>
> —— Syed Hussein Alatas, *The Problem of Corruption*, p81

这意味着，我们迫切需要迈向一个以可持续性、关怀与慈悲、尊重和创新为支柱的经济体系；或者，正如经济学界所描述的，迈向"包容性繁荣经济学"。这使我们超越了简单的市场资本主义和货币主义关切，转向考虑消除贫困、提升福祉、促进社会包容性和平等、应对气候变化，以及确保环境和族群的可持续性。它强调政府应提供公共商品和社会保险，以纠正社会问题，并将技术变革引向理想的未来。它以批判的态度积极倡导根本性的变革，同时塑造一个促进公平和增强包容性的金融系统，建立公平税收和风险共担的生态系统，旨在防止从社会中获取租金的垄断行为，并将所有进步引向减少工人损失的方向。我们必须重新校准我们的观念，确保社会经济中的每一位成员都被视为体系中不可或缺的角色，并倡导相互尊重，以纠正过去的错误，在所有马来西亚人之间实现更高层次的和谐。我们的经济框架必须在经济增长与每个社会成员的尊严之间取得平衡。这是人道经济学的核心框架。人道经济学涵盖可再生能源，并鼓励企业和合作伙伴共同支持人民、族群和整个社会的繁荣。

我们为马来西亚设计的改革愿景可能对某些人来说显得过于理想化。但昌明大马既不是哲学梦想，也不是遥不可及的目标。这一认知让我们无法继续包容"一切照旧"的态度。此外，它是一个指导系统，是黑暗中的一盏明灯；而要迈出第一步，将这些文字从纸上变为我们追求的理想未来，有一个关键要素：那就是信任。而我们正处于信任赤字的深渊中。

通过操纵选举上台的政府重新掌握了权力，不仅在一马公司（1MDB）丑闻中，还几乎在每周曝光的各种新丑闻中。新政府表现不佳，利用疫情加强控制，甚至使用警力阻止议员进入国会。我们看到两个臃肿的内阁在物价飞涨时，却依然在其职位上大肆敛财。我们看到精英逃避法律制裁，而被迫为饥饿的家人行窃的父母却被关进监狱。因此，我们不能重蹈覆辙，不能回到那条"正常"的道路，改革运动"烈火莫熄"（Reformasi）正是在这条道路上形成的，并在过去二十年中努力寻求变革。

公共政策的失败和一些政客为自身积累财富的阴谋对人民造成了巨大的伤害。我们不能忽视越来越多对政治家和政府缺乏信任而感到失望的人们，以及他们日益增长的愤世嫉俗。在第14届大选中，人民展示了他们真正的力量，并对此表示了坚决的抵制。我们这些被选举出来的人欠人民一个承诺，我们必须竭尽全力修复破碎的信任。信任是在此阶段中不可要求的东西，唯有通过我们的实际行动才能赢得人民的信任。这个框架所要建立的信任不是出于害怕失去面子而维持的信任，而是基于我们彼此间不可违背的道德义务的信任。信任，应该是完全真诚的——在这里，政治家每天都应该自问，正如所有人都应该自问那样：我们如何确保他人对我们永久信任，并防止政治家与人民之间信任的丧失。通过搭建信任的桥梁，我们构建了一个团结的多元文化社会，一个追求可持续性的社会，一个充满关怀与慈悲的社会，一个以尊重为基石、以创新为动力，并希望所有人共同繁荣的社会。昌明大马为所有马来西亚人构建了一个基于相互信任的新型契约，它为我们迈向更加光明的未来奠定了坚实的基础。

昌明大马并非孤立存在，而是一个综合性的整体框架，其六大组成部分——可持续性、关怀与慈悲、尊重、创新、繁荣、信任——相互关联、相互依赖，并通过持续的反馈机制彼此增强。在这个框架的指引下，我们致力于构建一个繁荣、动态且包容的社会。面对这个迅速变化、动荡的时代，我们深知无法简单摒弃过去、从头开始，而是必须深深扎根于马来西亚悠久而多元的历史之中，从过去的错误中吸取教训，并在成功的基石上继续建设。马来西亚丰富的语言文化、多元的民族历史和绚烂的宗教哲学传统，将是我们前行道路上的重要指引。我们必须摆脱对狭隘空洞的权力的追求、短视、偏见及腐败的政治环境，真正为了国家和人民的最佳利益而行动。我们的目标不仅仅是塑造一个全新的马来西亚，而是要实现一种根本性的变革——一种社会进化的过程。我们的政府将不仅作为引领者，更要与人民并肩前行，共同面对成长的考验，并为我们的行动建立坚实的伦理框架；它将代表并支持人民，对过去和现在的所有错误负责。我们致力于实现高水平的透明度，根除腐败与不负责任的行为，赋权于人民，并让他们参与旨在促进共同繁荣的伟大对话。我们将让所有人民具备未来所需的素养，并找到应对后常态时代的方法。作为一个可持续发展的国家，我们致力于履行对人民应承担的责任，秉持正直与尊严。我们将共同、有意识地预见和应对新变化，为未来可能出现的任何挑战做好准备。

> 领导者必须为人民铺设正义之毯，搭建安全之帐，并扬起忍耐之旗，让其流苏飘扬。他必须为人民倾泻慈善之河，制止不义之手的侵扰，同时用高尚行为的雨云洒落恩惠。在所有上述品质中，最重要的是正义。

—— Shihāb al-Dīn al-Nuwayrī, *The Ultimate Ambition in the Arts of Eruditon*, p96

" 未雨绸缪 "
—— Malaysian proverb

目录

我们的愿景　1

昌明大马（SCRIPT）的简叙　3

昌明大马（SCRIPT）的政策框架　5

昌明大马（SCRIPT）的驱动因素与政策　13

    Sustainability 可持续性　14

    Care and Compassion 关怀与慈悲　30

    Respect 尊重　46

    Innovation 创新　61

    Prosperity 繁荣　78

    Trust 信任　92

昌明大马（SCRIPT）在后疫情时代的运用　111

昌明大马（SCRIPT）应对生活成本的运用　127

重点政策：为了更辉煌的马来西亚　143

后记　151

致谢　153

参考资料　155

我们的愿景

我们的愿景是建立一个基于关怀与慈悲、相互尊重、创新和信任的可持续繁荣的马来西亚，全国人民都拥护包容和平等——最终将形成一个公正的马来西亚社会。

> 昌明大马：可持续性、关怀与慈悲、尊重、创新、繁荣、信任——这些关键词，不仅是我们构建繁荣昌盛未来的基石，更是我们实现这一愿景的指南。

昌明大马（SCRIPT）的简叙

我们基于相互信任，共同构建一个充满可持续性、关怀与慈悲、尊重、创新、繁荣的马来西亚。这一愿景的核心是政府与人民在透明和合作基础上的信任。它认可每个马来西亚人民，不论其背景如何，都有权生活在可持续的环境中，并强调在社会各个层面的关怀与慈悲，使每个个体得到平等对待和均等机会。它鼓励将相互尊重作为社会和文化规范，以增强社会的包容性。它致力于将创新普及到国家生活的各个领域，而昌明大马关乎在一个可持续且面向未来的框架内追求繁荣。

昌明大马（SCRIPT）的政策框架

我们的政策框架不仅关注马来西亚当前的挑战和需求，也着眼于国家未来的需求和潜力。这个政策框架必须考虑到世界的转变，并引导国家走出后常态时代的复杂、矛盾和混乱。马来西亚的语言、概念和文化是这一框架的核心。

我们将结合现有实践模式与新问题，设计出综合性的解决方案。昌明大马的六大驱动因素——可持续性、关怀与慈悲、尊重、创新、繁荣和信任，以及政策框架的各个方面是相互联系、相互增强的。这一框架将不断迭代，我们邀请社会各界参与并提供宝贵的意见。通过这个框架，我们将实现改革发展，并携手走向更加光明的未来。

> 我们必须时刻记住,比成文宪法更重要的是,那些被委以管理和维护宪法的人,必须在其心中,坚信那些赋予这份崇高文件活力的价值观与原则。

—— Sultan Azlan Shah, *Fifty Years of Constitutionalism and the Rule of Law*, Opening Address of the 14th Malaysian Law Conference, 2007

常规定义

术语的普遍含义。

我们的定义

当代马来西亚的语境中对术语的定义。

愿景

关于每个驱动因素的具体愿景。

目标人群 / 区域

这项政策主要面向的群体、地区和问题。是否针对特定的人群或个人？还是特定的地方或地区？或者是特定的问题、趋势？还是目标具有地区性、国家性、国际性的特点？

政策要素

关于每个驱动因素的政策，什么是其基本元素？

我们将从以下角度详细探讨每个驱动因素的政策要素：

— 经济/金融层面
— 法律层面
— 机构层面
— 教育层面
— 社会层面
— 文化层面
— 城市层面
— 乡村层面

在从这些不同的视角分析时，我们需要进行持续的反思。我们必须不断强化昌明大马六个驱动因素之间交织的关系，探讨每个驱动因素应如何与其他五个驱动因素相互融合并受其影响。同时，这种反思还必须考虑马来西亚的当代历史。哪些现有的结构、系统和观念是有效的？哪些可以增强？哪些应该被废除？最后，我们应该记住多种可能性。我们不仅要考虑如何实施政策，还要思考这种行动可能带来的各种正面的、负面的后续影响。

而后，我们将加入后常态时代维度。

在后常态时代，昌明大马必须能够应对日益增加的复杂性，激烈的矛盾和混乱。我们需要针对后常态时代的每个元素探讨一组具体问题。

复杂性

我们是否有应对新的复杂性的机制？如何减少复杂性？如何找到能够指引我们在复杂环境中前行的简单而深刻的解决方案？在日益全球化的世界中，我们如何保持对全球和国内交织的联系及潜在风险的警觉？

> **BOAR：复杂性存在于秩序与随机之间（Complexity lies Between Order And Randomness）**
> **DEEP：复杂性无法轻易地被描述、演化、设计、预测（Complexity cannot be easily Described, Evolved, Engineered or Predicted）**
> —— Scott E Page, *Diversity and Complexity*, p32

矛盾

政策中有哪些潜在的矛盾？哪些机构、团体、个人可能产生抵抗和反对？是机构、官僚体系、利益集团、反对党、街头抗议、激进运动还是自发的暴民？我们可以预见哪些风险，并如何化解主要风险和应对障碍？

混乱

我们是否忽视了潜在的混乱事件？哪些社会或文化因素可能导致对潜在威胁和混乱事件的无知？我们能否监测可能导致混乱的异动？是否有可能感知到即将发生的混乱事件？我们是否为全面爆发的混乱事件做好了准备？混乱事件如何且为何能在马来西亚造成影响？我们如何在混乱时期保持马来西亚社会信息畅通和维护社会稳定？

同时性

复杂的政策需要满足同时性原则——跨越不同部门、机构和组织的同时协作。我们如何建立联系，并确保所有相关方能够同时实施那些有时看似相互对立和矛盾的政策？

此外，我们也将考虑不断变化的环境和潜在的未来。

未来 / 变革

政策是否足够应对快速的变化？快速的变化是否会在未来几年内使政策过时？我们如何调整政策，以应对持续变化？当前政策环境和未来政策环境有什么不同？哪些趋势和新问题可能导致我们必须重新思考和重新制定政策？有哪些潜在的情景及其如何帮助我们通往我们所期望的未来？

> **❝** 为什么这些对我们时代的重大问题所提出的解决方案，似乎越来越不充分？尽管各方科学家、政治家和记者纷纷贡献智慧，但在医疗保健、金融监管和气候变化等政策上仍然难以发挥有效作用。这并不是因为解决方案考虑不周或分析错误。问题在于，我们用于寻找解决方案的框架不足以捕捉复杂系统内驱动各因素相互作用的复杂性。我们所面临的问题之间相互关联，已超出了标准框架的简单假设。**❞**

—— David Colamder and Ronald Kupers, *Complexity and the Art of Public Policy*, p12

我们将考虑如何监督这些政策，以及是否需要新的机构来推动社会践行昌明大马。

监督

我们如何有效地检查政策的执行，并实时跟踪其进展？为确保政策的持续优化，我们是否需要引入反馈机制？我们如何确保政策在不同层面和复杂问题上相互协调，并能同时应对这些挑战？我们有能力监测并防止潜在混乱事件的发生吗？

赋能机构

在复杂经济中，政策演变的一个重点涉及积极影响关键机构的演变，这些机构认识到复杂性和混乱的可能性，并努力减少矛盾。需要哪些创新机构来主导政策的全过程，包括在马来西亚复杂的政府体系中监督、推广、调整政策，并监督其进展？鉴于过去两年政府机构臃肿的问题，我们通常反对创建新机构，但在必要时，应整合、巩固或重新定义现有机构，以提高效率，实现国家所需的变革。昌明大马是一个联合的、多层次的努力，虽呈现为线性过程，但实则更为复杂。下页的图片展示了政策框架的多个维度及其与未来和后常态时代问题的关系。

> **在后常态时代，事实存在不确定性，价值观受到质疑，风险极高，决策迫在眉睫。**
>
> —— Silvio Funtowicz and Jerome Ravetz, *Science for the Postnormal Age*

昌明大马（SCRIPT）的驱动因素与政策

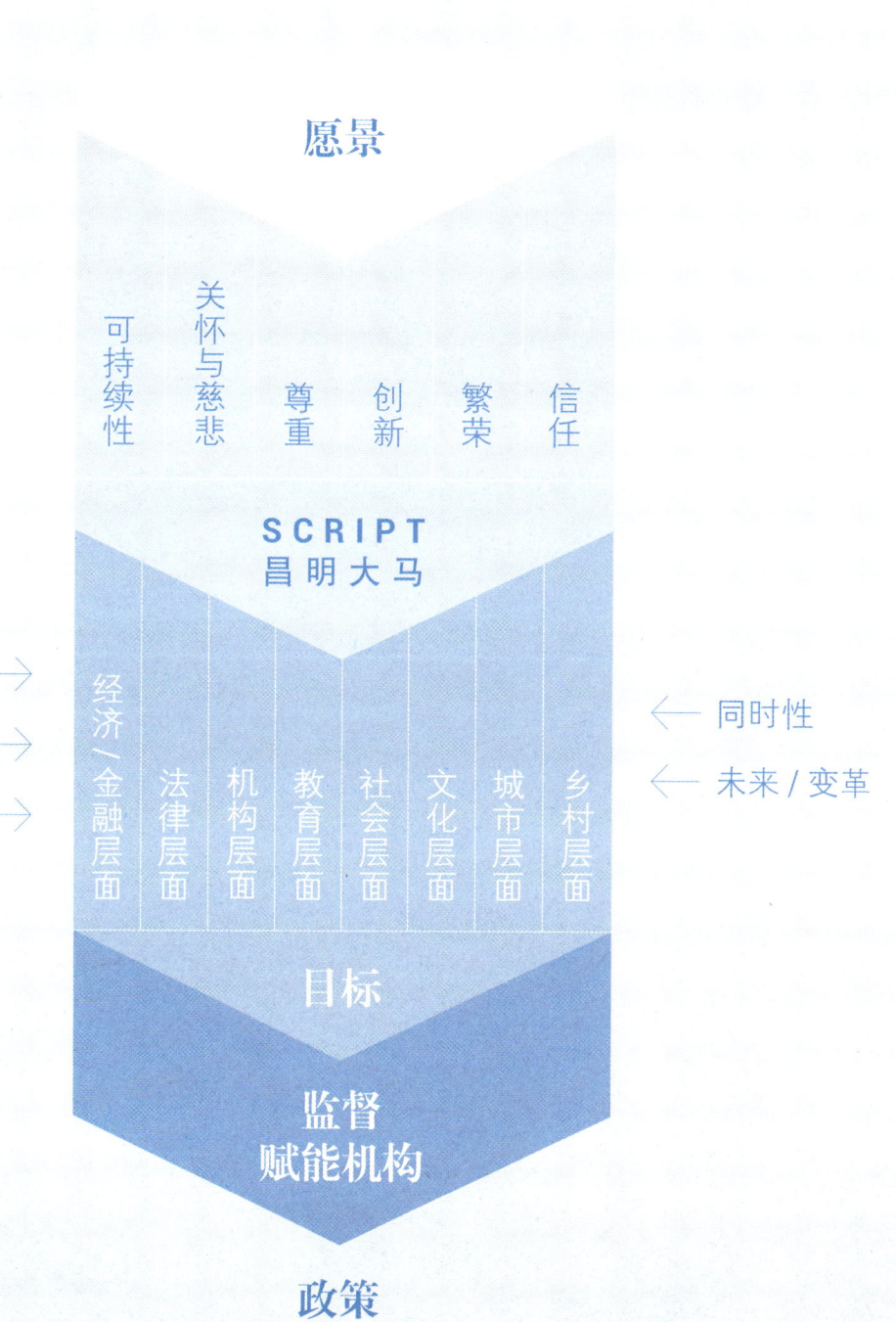

愿景

可持续性　关怀与慈悲　尊重　创新　繁荣　信任

SCRIPT 昌明大马

复杂性 →
矛盾 →
混乱 →

经济/金融层面　法律层面　机构层面　教育层面　社会层面　文化层面　城市层面　乡村层面

← 同时性
← 未来/变革

目标

监督
赋能机构

政策

SCRIPT

Sustainability 可持续性

可持续性

常规定义

可持续性指的是为了人类及地球的存续发展所需的适当政策和模型，它着重于满足当前的需求而不损害未来世代的需求和福祉。在普遍讨论中，可持续性往往被聚焦于环境政策上，特别是减少非可再生资源的使用和减少污染。可持续性这一概念其实涵盖了诸如承载能力、生态足迹和临界点等关键概念，这些概念有助于塑造一个更加公平和可持续的未来，包括大气、雨林、淡水水道、海洋、土壤、森林等自然环境要素，以及与之互动的所有生命形态。

我们的定义

在此，我们所讨论的可持续性必须以马来西亚特有的方式定义。马来语中的"Kemampanan"体现了一个持续进行和集体努力的过程。马来西亚的可持续性是一种平衡或均衡（Keseimbangan），它旨在维护人类自身的福祉，并持续保持对自然及人类的平衡和尊重。因此，对马来西亚而言，可持续性不仅仅局限于自然环境，还包括乡村和城市的可持续性，以及家庭和个人的可持续性。

可持续性的愿景

我们的目标是在全球标准的基础上，推动生活各方面形成全新的可持续文化。

目标人群/区域

虽然将昌明大马作为马来西亚全社会的一种整体方法的重要性不言而喻，但为启动这一过程，明确初始目标及集中制定政策的过程同样至关重要。在可持续性方面，我们将重点关注马来西亚的整体生态和环境，特别是受保护的绿地、水体和野生动物。同时，也要考虑已划分的（或等待批准的、存在争议的）用于开发、重建或填海的区域。此外，我们还必须考虑马来西亚各个族群的传统性、多元性。商业工业将是制定政策的重要目标和利益相关者。关注沿海和内陆族群，以及全国范围内的城市、乡村和乡村核心地区也至关重要。马来西亚人的个体行为也将是马来西亚可持续政策中的一个不可或缺的关键目标。

政策要素

创建可持续的马来西亚不可能仅靠少数人的努力实现。只有所有马来西亚人共同参与，无论背景、种族、信仰，一个可持续的马来西亚才能实现。纵观历史，在可持续性方面失败而引发的问题，是每一个马来西亚人都必须共同面对的问题。关于可持续性的思考需要融入经济、商业、法律、教育和制度框架等所有领域。我们也需要在文化事务中推广可持续性，并促进社会和个人行为向可持续性转变。

经济 / 金融层面

可持续性不仅是流行词语，更是马来西亚经济机构必须体现的核心价值。我们需要通过实践将这一价值融入日常，并使其超越简单的潮流。这需要我们发展并推广基于可持续性的新经济模式。我们将废除那些鼓励企业追求不可持续目标的税收优惠和激励措施，因为这些措施往往忽视了人类尊严和自然环境的价值。我们可以用与气候变化、社会公正、地区具体问题相关的可持续性税收替代这些措施。我们需要为探索新的可再生能源的方法提供资金，特别是支持大学的可持续性研究。可持续性目标需要融入采购策略中，而企业本身应通过制定可持续实践的目标来重视这一价值。经济刺激可以推动马来西亚各地更可持续的商业活动。在制定更可持续的经济政策时，需要建立连接各方的桥梁，并积极促进城乡之间的经济联系。同样，零工经济需要介入传统商业中，以确保在这一过程中没有疏漏。我们还应该完善新的环保回收激励计划，为环保回收提供现金奖励。

法律层面

这项政策要想成功，建立围绕可持续性的法律机制至关重要。

我们将首先为企业和机构建立可持续实践准则。在此过程中，评估现行法律和规章，加强可持续发展意识并减少多余的规定也是必要的。同时，我们需要制定新的法规，限制能源消耗、碳排放和减少污染。这可以通过更严格执行可持续性相关法律来实现，例如，关于步行或使用替代交通工具的道路安全法规，以及针对环境损害的严厉处罚。这包括制定禁烟和清洁空气的法规，以及将保护雨林、河流等引入法律。为了打击这些领域的腐败，我们必须对未能遵守严格的环境影响研究和评估（由第三方机构进行）的行为施加更严厉的惩罚。除了环境，我们还需要确保人民的经济福祉是可持续的。我们需要明确最低工资、可生活工资和全民基本工资的概念，以确定最佳和最实际的法律实施方式，以减轻贫困。为了应对未来的法律需求，我们需要研究和探索有关自动化的法律，以减少失业

的问题。我们还需要为涉及自动驾驶汽车、机器人失误等的法律改革做好准备，并将现代法律扩展到AI时代。此外，探讨将未来世代的罪行纳入马来西亚法典的可行性，以阻止团体和个人的不可持续的浪费行为，这将使马来西亚在未来具备法律优势。

> 正义是一个含义丰富的词语，它包括慈善行为、履行信仰、可信任、摒弃暴政、给予有权者其权利，并以平等的心态追求正义。

—— Siddiq Fadzil, *On Islam & Being Malay*, pxvii

机构层面

为了维持可持续政策，我们的机构必须变得可持续。这要求所有部门的工作人员都充分了解可持续政策并致力于实施它。我们需要在全社会范围内展开行动。例如，我们可以鼓励错开高峰工作时间、灵活的假期安排和远程工作，以减少交通拥堵和旅行需求，同时考虑员工的心理健康。我们还需要制订一个合理的养老金计划，鼓励可持续的退休方式，并将农民和零工经济中的劳工纳入现有计划中。在缺乏有效执行可持续政策的机构的地方，我们将设立新的机构，专门负责推动和实施回收计划、清洁空气和水资源及减少碳足迹的措施。我们还计划在自然资源相关部门内成立特别工作组，负责制定能源安全策略，寻找更大规模的替代能源及达成净零温室气体排放目标。此外，我们还将积极推进废物回收、环境保护、地方领导人、企业及个人之间的沟通与合作，建立清晰的沟通机制和流程模式，共同推动可持续马来西亚的实现。为了跟踪向更可持续马来西亚转变的进度，我们将对公务员队伍进行深度整合，将之合并到相关部门，消除冗余和低效现象，最终将形成一个高效、专业的可持续发展部门，以监督这些新的实践和改革。

教育层面

建设可持续的马来西亚首先应从教育系统着手。我们需要在小学和中学阶段引入可持续教育和实践。为了使我们的教育潜力最大化，我们必须完善大学中以可持续性为重点的跨学科学位。除了改善现有的教育结构，我们还应该推动学校的创新改造，这些改造应强调小班教学、技术增强和绿色建筑，以此引领可持续发展的道路，并为应对未来危机（特别是从疫情中吸取的教训）做好准备。因此，我们需要立即投资于保障远程学习所需的基础设施。同时，为了丰富马来西亚的教育体验，我们还应该鼓励在城市、乡村中进行"课堂外"教育，包括教育–商业合作、共享空间和建造早期儿童护理与发展设施。除了我们能够探索的领域，我们还需要开发一套课程，将绿色政策、对自然的关注、多元文化和国家团结相结合。此外，我们还需要在高等教育机构中设立可持续性研究中心和研究所，特别是专注于研究气候变化及其对马来西亚潜在影响的机构。

社会层面

马来西亚全面转变面临的最大挑战和最关键问题在于建设更可持续的社会。开展公共活动，以推广可持续的马来西亚文化，将为后续工作奠定基础。传统媒体、社交媒体应宣传马来西亚各地可持续发展的做法。在此，我们还可以通过公共活动和提供服务来加强对环保文化的宣传，并持续推动更多反塑料活动，旨在减少一次性塑料的使用（尤其是在杂货和食品储存中），研发替代材料的活动也应该同时进行，以降低生产者和消费者的成本。发布青年清洁倡议（如比赛，提供奖学金/助学金），培养青年的主动性和创新能力。在所有层面上，我们还必须进行宣传。虽然本地化宣传需要个人意愿和主动性，但在更大规模上，我们将鼓励共享空间、减少交通拥堵、绿色/可持续建筑，并倡导一种与自然世界和谐共存而非试图控制自然世界的生活方式。我们必须以政府的实践为榜样，使社会变革深入人心。

文化层面

虽然我们已经在定义中表明，马来西亚的各种文化充满了对可持续性的欣赏，但我们仍需继续宣传可持续性的文化——包括环保回收、减少废物（塑料、电力、污水等）、清洁活动、邻里互助、教育活动，以及其他致力于可持续性的基层努力。可持续性活动可以成为我们团结马来西亚人民并在马来西亚不同族群之间建立桥梁的工具。我们可以在城市和乡村中，通过重建和翻新项目连接各个族群，从最大的城市到最小的乡村，通过可持续的建筑和材料的使用，共享彼此的价值观。不仅如此，我们还可以通过绿色通勤等基础设施，鼓励可持续的生活方式，并引导社会远离猖獗的消费主义。随着马来西亚普遍接受可持续性的文化，我们将推广生态旅游和更多的环境保护设施。

城市层面

城市中心长期被视为对可持续的生活造成的最大威胁，但我们可以通过重新定义城市中心在可持续的马来西亚中所能发挥的关键作用改变此想法。我们将从引入适当的空气质量保护措施开始，以对抗雾霾和其他环境威胁。除了环境保护，我们还必须确保贫困和边缘化群体能够获得足够的、安全的和负担得起的住房等基本服务，以便在不危及他们和我们的未来的情况下提高生活质量。此外，我们也要为城市和乡村贫困人口提供适当的医疗保健服务。我们也鼓励建造新的可持续的和有韧性的建筑，以及使用本地环保材料来为目前的建筑进行翻新。在传统城市空间之外，我们还应提供满足所有马来西亚人需求的绿色公共空间，特别是那些有特殊需求的人。为了完成这些任务，我们将推广重视环保的建筑技术、车辆共享、大规模公共交通改造与电动汽车，并打造人行道、跑道和其他减少碳足迹的交通模式。随着技术的进步，我们必须为电动汽车和替代能源做好准备，进行所需的基础设施的建造，如增设电动汽车充电站，为行人和骑行者提供遮阴空间。为了使公众信任这些措施，我们将努力增强人民的参与度，并提升对可持续住宅区的规划和管理能力。

乡村层面

在乡村地区，我们无须发明新东西就可以实现可持续的改革。我们必须重视乡村现有的良好实践并给予适当支持。在可持续性不足的地方，我们将引入可持续的新农业模式和替代能源，这在打造可持续的乡村层面是至关重要的。我们也可以在乡村地区推广再生能源技术，在贫困地区建立太阳能和风能发电站（制定策略以赋权当地居民）。我们还将鼓励乡村使用数字技术，并支持其与其他本土创新的智慧型企业相结合，从而使乡村能够平等和更好地掌握先进技术，确保先进技术不会削弱其文化及情感。我们将付出巨大的努力，使乡村知晓未来的变化，并让其获取所需的技能，以应对未来的挑战。除此之外，我们也需要为乡村能源项目提供资金，旨在协助村民购买太阳能光伏板。我们要为风力发电提供补贴，并奖励采用污水净化和循环利用方法的村民。为了在乡村地区推广可持续的生活方式，我们将确保村民能够获得足够的教育，并推动创建新的研究中心来满足他们的需求。

复杂性

为了确保政策的可持续性，我们必须考虑到其复杂性。在处理各种问题时，我们应避免过度简化及复杂化。为此，我们制定多个互补的政策，解决在政策推广中的大小问题对我们是无害的。我们还需要构建可持续的网络，使个人、族群、机构和政府能够自由地交流，共同构建可持续的马来西亚。随着面对的问题变得越来越复杂，我们还需要找到综合不同期望与视角的可持续方法，并反映马来西亚的多元文化背景和复杂性。在公共空间中也必须提供讨论"全球与地方"、"改革与传统"、"公共与个人"和"风险与执行"等矛盾概念的机会。为了应对马来西亚可持续发展所带来的巨大变化，我们需要建立一个复杂而平衡、相互补充的经济体系，从而调和成本与效益，确保发展的持续性和稳定性。在社会层面上，必须理解不同社区之间的复杂性，包括种族差异、城乡差异、信仰差异、年龄差异、性别差异等，从而增强理解与沟通能力，促进社区间桥梁的建设。在整个过程中，我们必须保持深思熟虑，不断重申政策的重要性，并持续减少人民、机构和政府之间的分歧。

矛盾

这一新的政策框架旨在揭示一些被忽视、被隐藏的矛盾。我们有必要承认，旧有的和新兴的可持续性观念中潜藏着很多矛盾。在此基础上，我们将提前制定策略，以应对来自政治因素、既得利益者、大企业和跨国公司等可能妨碍建立可持续马来西亚的各种挑战。我们将建立法规以确保族群政策之间的有效衔接，处理紧张关系和分歧，解决利益冲突，从而减少内部矛盾。为了抵御矛盾引起的干扰，我们必须促进群体之间的合作，增强韧性，将城市和乡村族群、企业、工人、移民者、金融家、社会机构、研究人员和教师，都聚集在一起，并通过多方对话，创造更积极的成果。

混乱

如果我们不理解和不正视当代世界的混乱局面，我们的政策将难以取得长久的成效。更重要的是，我们必须研究那些可能导致马来西亚生态崩溃的现象。在此，我们必须不断评估由马来西亚的复杂经济引发的个别事件，以避免可能导致国家瘫痪的混乱事件。我们还必须评估极端气候变化对国家内外的影响，包括研究海平面上升和海洋盐度增加对群岛生态的影响。在监督马来西亚的可持续政策时，我们将使用保护措施来确保国家和个人的利益。为此，我们将适当监管社交媒体，以更好地了解混乱行为并预测不良结果。除此以外，我们也应通过加强对濒危物种的保护，应对可能出现的混乱。我们还必须通过立法来处理各种环境灾害、个人与企业对环境造成的影响、复杂的国防机制，以及国内外关于环境保护的协议和条约。

同时性

为了在不同驱动因素和目标之间实现同步规划和执行，我们不仅需要在各推动力之间进行协调，还需要确保不同部门的决策一致性。为妥善行动，我们必须确保在各个层面上解决了相关的问题，例如，国家和国际层面的气候变化、国家层面的财政和立法变化、乡村层面的土地使用，以及城市层面的定居和发展问题。我们需要制定法规，以确保乡村和城市政策之间的有效衔接，处理紧张关系和分歧，化解利益冲突。同时，我们必须重视改革法规、法律和标准操作程序，并从过去的失败中吸取教训，以在危机面前维持秩序和连续性。为了实现这一目标，我们应通过地方议会、社交媒体、公共服务活动、政府和其他各方建立合适的沟通渠道，以加强对可持续马来西亚的清晰认知和多元对话。

未来 / 变革

随着我们迈向未来并在不断变化的环境中工作，我们需要预测和监督潜在的经济及环境危机。我们可以通过找到可能影响国家、族群、家庭和个人可持续性的趋势和新问题来应对。我们将进一步探索当前政策，以及各政策的第二级和第三级（意外的）影响。在各个方面，我们需要发展适应政策实施的文化，持续评估法律，并在出现错误或意外时及时纠正。我们必须保持警觉，考虑政策在此时此地的影响及它们可能对未来（整个马来西亚及未来几代马来西亚人）的影响，同时思考新兴技术和社会发展如何影响实体经济、族群和文化环境。我们需要培养敏锐的洞察力，发现被忽视的且严重影响未来的问题，找出异常情况，并预测混乱事件。我们需要各个部门的人员不断为马来西亚的可持续性搭建场景，在马来西亚独有的优势的基础上改革贸易和国际关系，并预测保护主义、孤立主义和极端民族主义的有害倾向，同时提升马来西亚人的素养，以防止在未来被殖民。

监督

为了追踪马来西亚可持续政策的进展和成功实施这一政策，政府必须建立一个有效的监督体系，通过其来监督政策实施、追踪进展、接收反馈，并根据环境的变化和需求进行持续调整。为了加强监督，我们必须识别和管理经济、法律、机构、社会、文化层面的关键互动。同时，我们需要评估马来西亚的国际排名和在可持续性标准中的位置，遵守现有协议，并推进更高的全球可持续性标准。通过有效的监督，我们可以在新问题出现时修订政策，并保持对潜在混乱行为的高度敏感。我们需要建立适当的沟通渠道，确保政府可以接收这些渠道的信息，同时保持对公众的透明度，以促使可持续政策度过启动阶段，获得更广泛的支持和认同。

赋能机构

鉴于我们的定义、政策要素和目标，以及后常态维度所发挥的作用，以下政策是迈向更可持续的马来西亚的第一步。

从政府自身开始，我们将评估当前机制在推动马来西亚实现可持续发展方面的状况。我们将减少冗余，同时合并或重新定位部门，优化其结构，减轻纳税人的负担。这一举措将带来一个高效的政府，从而增强其推行可持续政策的能力。我们将整合相关部门，并设立专员来进行监督，直到可持续性在所有部门中得到巩固，该职位也就不需要存在了。为政治便利而随意设立职位的时代已经结束，一旦设立了某个职位，其将拥有明确的目标；一旦该目标被实现或情况发生变化，该职位将被撤销，以便为未来的新问题留出空间。

与此同时，我们将建立公民网络，旨在推广可持续性、未来意识和未来素养，培养人们的可持续思维，为未来的挑战做好准备。我们将推出可持续的未来课程，并在大学设立研究中心，开展持续的多方对话，以实现这些目标。此外，我们将鼓励新的非政府组织在各个领域宣传可持续性，并在主要城市建立文化中心，逐步扩展到其他地区；开办关于气候变化和可持续性的展览对于促进我们所期待的文化转变也至关重要。

除了在国内的工作，我们还将研究如何推动国际上的可持续性合作，并在可能的情况下，让马来西亚在全球范围内发挥影响力。我们将鼓励马来西亚人在国外时保持可持续的生活方式，并持续寻找减少外来人员在进入马来西亚时感受到差异的方法。

这些建议只是一个起点。我们必须共同努力，寻找更多未探索的政策，以实现这一愿景。

> **未来不会自动发生。它是通过我们目前的行动或不行动创造的。**
>
> —— Ziauddin Sardar, *Future: All That Matters*, p5

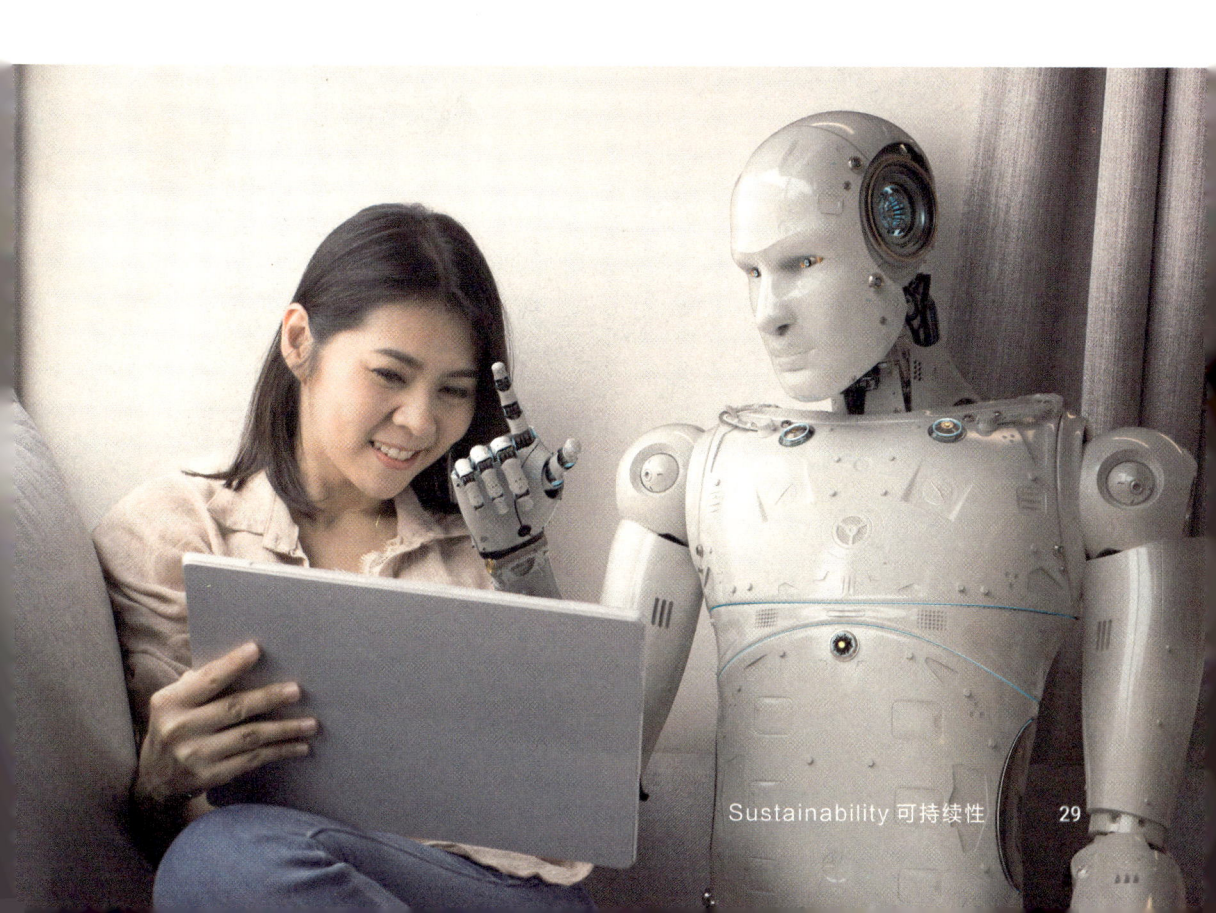

S C R I P T

Care and Compassion 关怀与慈悲

关怀与慈悲

常规定义

关怀是被定义为关注他人并提供必要保护，以确保他人的健康与福祉。它可以是一次性的，也可以通过人工智能传递。慈悲是对他人的痛苦或需求感到关心，并希望减轻这种痛苦。它通常是人与人之间的情感，但也可以扩展到其他生物或类似人类的实体。慈悲被视为一种情感，是任何人都可能体验到的短暂感觉，但通常严格意义上并不区分同理心、同情心和慈悲心。

我们的定义

在马来西亚，关怀与慈悲的定义被赋予了更深层次的内涵。在马来语中，"Peduli"意为关怀，而"Penyayang"则指关心，二者均源自表达爱的词语。"Belas Kasihan"是慈悲的意思，其中的"Kasih"同样代表爱。因此，爱——对你的邻居、你的族群及其他族群的爱——构成了马来西亚对关怀与慈悲的定义的核心。马来西亚需要重新强调的关怀与慈悲体现了对彼此的更大社会责任。此处的"慈悲"不仅是一种短暂感觉，更是设身处地、换位思考，要感受对方的痛苦，还要承担对方的疾苦。关怀与慈悲既是社会给予的责任，也是源自社会的权利。马来西亚必须带着诚实和提升所有成员水平的愿望践行关怀与慈悲，无论在经济方面，还是在行为方面。这将引领社会向更尊重人性，更可持续的方向前进，并为道德创新和马来西亚的繁荣提供支持。

关怀与慈悲的愿景

我们的目标是在马来西亚塑造一个充满关怀与慈悲的社会，关心不幸者，同时赋予所有人通过足够的社会福利、负担得起的食物和住房，以及基础医疗来满足基本生活需求的能力，为贫困和边缘化群体提供适当的服务。

目标人群 / 区域

马来西亚的关怀与慈悲政策的核心在于，关注弱势群体和被剥夺权利的人，包括城市和乡村贫困人口、偏远地区的贫困人口、特殊需求人群、老年人和未成年人。无家可归者、难民和其他边缘化人士也是该政策的重点关注对象。实施政策的关键包括教育机构、政府机构等。需要记住的是，这些目标只是一个起点，实现关怀与慈悲的宏伟目标需要全社会的共同努力，特别是考虑到我们致力于打造一个充满关怀与慈悲的马来西亚。

政策要素

在马来西亚，要强调关怀与慈悲的价值，就需要对文化进行深层次的改革。法律机构、教育机构等必须共同制定关怀与慈悲的指导原则，以维护目标人群的尊严，同时与昌明大马相辅相成，培育一种新的社会观念和充满关怀与慈悲的文化。

经济 / 金融层面

在马来西亚，经济部门在推行关怀与慈悲政策中扮演着至关重要的角色。关怀与慈悲不仅是昌明大马的核心动力，也应融入马来西亚人道经济的模式和体系中。我们需要设立并分配专项资金，给贫困者提供其负担得起的住房，同时推动乡村企业发展。必须鼓励政府和私营部门的事业上升计划，并探索适当的遗产税和资本利得税，筹集资金、扶助贫困人口和推动针对较贫困族群的措施。为信用合作社与金融机构提供资金支持，缓解贫困、促进中小企业发展，并在城乡地区鼓励创新。基于朝圣基金（Tabung Haji）进行改革，确保每个州建立一个高效且透明的天课，即义务捐赠（Zakat）基金，为弱势群体提供紧急援助。为了更好地了解马来西亚的真实经济状况，我们需要重新评估经济指标，应更关注基尼系数而非GDP，重新定义贫困，并调整经济词语，以减少财务分歧，解决财务困难。此外，我们应设立奖学金和助学金，用于支持商业、医学和社会服务领域的关怀与慈悲创新方法的研究。为了将关怀与慈悲融入我们的金融文化，政府需要与商业机构合作，制订社会援助计划，帮助经济困难的人。这些计划包括取消或减免不道德的债务、学生贷款，为移民和难民提供财务援助和职业计划，为贫困家庭提供财务支持，建立健全的养老金计划和国家医疗保障体系，设立灾难救援基金及恢复援助措施。

法律层面

如果我们希望关怀与慈悲在我们的文化中蓬勃发展，我们的法律也必须体现这些价值。我们必须制定法规，将关怀与慈悲融入法律实践中。国会需要通过更好的关于生活工资的立法，确保所有人享有基本生存权。立法时还应考虑老年人和特殊需求人士进入公共机构的便利性，保障移民和难民的权利，并完善针对这些群体的法律。我们还要为贫困和被剥夺权利的人设立法律援助代理人，保障他们的法律权益。政府必须为贫困和边缘化群体提供教育资源和律师辩护，积极调查，规范和起诉不道德行为，确保关怀与慈悲在法律体系中扎根。要对移民、签证和公民法律进行改革，体现关怀与慈悲的精神，并建立保护法庭，帮助缺乏心智能力的人在财务和福利问题上做出决策。对一个公正的法律体系而言，持续加强司法独立，确保在裁决中融入关怀与慈悲，为所有人提供公平的法律裁决是至关重要的。

机构层面

我们应在政府和企业中引入关怀与慈悲。同时，社区的志愿组

Care and Compassion 关怀与慈悲

织需要专注于关怀与慈悲政策。我们必须启动这项政策，将关怀与慈悲融入所有政府机构，并指派一个监管机构负责监督该政策在马来西亚各机构中的实施情况。为了子孙后代，马来西亚的司法和刑事机构必须革新，要将关怀与慈悲的价值观融入日常中。我们需要在政府和社会机构之间建立合作，探索实际的救助措施，包括提供普遍的医疗保健服务、增加就业机会和教育资源，以及保障生活收入。这样可以促进关怀与慈悲在马来西亚社会中普及，并解决无家可归、失业和贫困问题。

教育层面

为了使下一代获得成功并改善马来西亚的情况，我们的教育政策至关重要。我们应在小学和中学引入关怀与慈悲方面的课程。除了课堂教学，我们还需要在家庭、工作场所、学校等地推广强调关怀与慈悲的活动。在高等教育中，我们也应该促进对关怀与慈悲的政策的研究，并专注于城乡地区的社会创新。为了减轻教育费用的负担，我们需要设立奖学金和助学金，支持马来西亚文化中有关关怀与慈悲的基层倡议。为了体现关怀与慈悲的精神，我们还应继续降低教育费用，确保人人享有平等的教育机会。

社会层面

马来西亚的多元文化为加强关怀与慈悲提供了重要机遇。我们需要确定哪些社会行为应该受到鼓励，哪些社会行为应该受到限制，以推行关怀与慈悲的价值观。政府应该推广非营利性服务和志愿服务，为有需要的人提供免费、优惠的服务。我们还需要完善社会保障、失业补偿、养老金和教育援助，特别是关注城乡贫困人群。为了创造充满关怀的环境，我们应该消除对生态和社会有害的工作，并实施改善医疗设施、减少无家可归现象和贫困的计划。人民参与是实现关怀与慈悲的关键，我们需要鼓励他们参与志愿工作，促进社区和个体的自我赋能。

文化层面

作为一个多元文化的交汇点，马来西亚拥有深厚的基础。我们可以通过公共活动，在马来西亚的各层面中推广关怀与慈悲。在节日、假期和各项活动中，注重宣传关怀与慈悲的理念。政府的政策应鼓励文化转变，重视并奖励为同胞服务的人。我们需要加强对心理健康问题的关注，并致力于治愈心理疾病。随着人工智能的发展，我们需要探索在医疗和其他社会领域中将关怀与慈悲融入其中的方法。

城市层面

我们的城市中蕴藏着巨大的且未被充分利用的潜力，据此，打造一个充满关怀与慈悲的马来西亚。为了释放这一潜力，我们需要开发经济性住房和制订减贫计划，提供贴心而实惠的医疗服务，以及全面的人民福利，特别是为老年人和有特殊需求的人士提供服务。我们必须改善城市交通，建设更安全的基础设施，并创建新颖的社交空间，为人民提供更好的生活环境。政府应支持志愿活动，促进人与人之间的关怀与慈悲。在城市发展中，我们重视社区精神和本土文化，让关怀与慈悲在城市中心蓬勃生长。

乡村层面

在乡村地区，我们的关怀与慈悲政策有一些需要填补的空白。我们需要制订计划和指导方针，以减轻乡村贫困。这些政策将推动可持续农业和乡村发展，激发创业精神，同时促进"Kampong"（甘榜，即乡村）创新思维的形成。在赋权于乡村的过程中，我们还要关注科技进步对乡村的影响。要建设更广泛的互联网接入系统和基础设施。此外，乡村居民也应该通过乡村医疗服务计划、诊所获得平等的援助。随着城乡边界的模糊，我们需要加强城乡之间，以及特定乡村地区和不同族群之间的联系。同时，我们也要设立更多的关怀与援助中心，以确保乡村居民能够获得所需的帮助，而不必迁移到城市地区。

复杂性

随着数字时代的来临，如果我们不考虑未来的关怀与慈悲，则将会失去人文主义的核心。为了迎接未来的挑战，我们需要了解遗传学、编码和数字媒体的发展，并应对人工智能的进步。我们必须规划如何将新技术融入社会，以及应对这些变化对社会产生的影响。马来西亚的改革可能对整个地区产生深远影响，因此，区域规划至关重要，以避免出现冲突和反弹。最终，这将巩固我们的关怀与慈悲政策，帮助人们提升生活水平。

矛盾

近期的事件揭示了马来西亚关怀与慈悲政策中的矛盾。我们必须预见这些政策可能与其他政策（尤其是和经济相关的政策）产生的矛盾。特别需要注意遗产税等财政政策可能引发的与关怀与慈悲政策相悖的观点，这使得富人和权势者在损害人民利益的同时变得更加富有。我们还需找到追求效率和追求关怀与慈悲之间更深层次的矛盾。为减少这些矛盾，生活质量应以友好文化和人际关系来衡量，而不是以消费品和物质财富来衡量。

混乱

未能理解和重视混乱事件已经导致马来西亚在关怀与慈悲政策上存在历史性的缺陷。为了改善这种状况，我们需要通过社交媒体和其他渠道，在政府、族群和个人之间建立有效的沟通方式，以防止混乱事件的再次发生。与此同时，我们需要防止在社交媒体的使用中出现破坏性影响。我们应该提高对可能导致动乱的仇恨言论和假新闻的危险性的意识。因此，我们必须鼓励负责任和有道德的新闻报道，以杜绝假新闻并维持社会透明度。为了避免局势紧张，我们必须推进跨族群交流。我们必须监督法律和社会福利的施行，以确保公正和公平，防止某些人凌驾于法律之上。

同时性

面对当前事件的紧迫性和行动需求，我们必须确保相关部门在关怀与慈悲政策上保持一致。核心是，推动人民参与关怀与慈悲政策，鼓励自下而上的努力，允许机构随着发展而自然演变。同时，我们还需预见在实施政策时可能遇到的问题，包括城市与乡村、国家与族群、跨文化等方面的问题。在国家和地方层面，我们必须在关怀与慈悲政策和其他实际问题之间取得平衡，避免在面临困难的决策时做出牺牲。

未来/变革

许多对未来更为悲观的展望对关怀与慈悲政策构成了威胁。为了应对这些负面展望并发挥关怀与慈悲政策的潜力，我们需要审视本地和国际新问题，这些问题可能阻碍关怀与慈悲政策的推行。我们还需为技术进步及其在人工智能领域对关怀与慈悲政策产生的影响做好准备。这将要求我们平衡创新进步与本土智慧，以塑造一个更受欢迎的未来，同时保持马来西亚在关怀与慈悲中的人性光辉。政府必须规划关怀与慈悲的未来发展路径，探索打造一个充满关怀与慈悲的国家的可能性，并努力提升所有马来西亚人的未来素养。

监督

为了跟踪在关怀与慈悲政策方面的进展，我们需要建立监督标准，这将由相应的监管机构负责。通过与国际团体和组织合作，我们旨在提升马来西亚及其与邻国的透明度，加强合作，以体现关怀与慈悲的精神。我们致力于制定一系列流程，解决马来西亚在推广关怀与慈悲过程中遇到的矛盾，并通过建立稳固的沟通模式来连接所有人，同时加强族群凝聚力。我们的目标是，确保关怀与慈悲成为社会中不可或缺的一部分。

赋能机构

为将马来西亚引向一个更加充满关怀与慈悲的未来，我们已制定了一系列政策，这些政策充分考虑了新定义、政策要素、目标及后常态因素。

我们评估了现有机构的工作，以更好实现马来西亚的关怀与慈悲政策。这个过程旨在避免重复，同时关注历史和文化，以确保新的政策能够延续和改进。在调整内阁时，我们将指定一个或多个机构负责监督马来西亚关怀与慈悲政策的整体进展。

我们的政策旨在促进可持续的社会福利机构，使个人通过积极参与社会活动获得社会信用。要创造一个环境，利于人们发展其性格，而不仅仅是追求物质利益。通过每年的"马来西亚清洁日"，我们鼓励国家和地方层面的环保行动。

昌明大马

> 未来的矛盾特性——它不存在却又是真实的，它在前方却也在我们身后，它从不曾到来却始终与我们同在，它不可知却又有我们所知道的一面——因此，它成为独特、难以捉摸且极其重要的研究课题。

—— Ziauddin Sardar, *Future: All That Matters*, p6

在国会中，我们将推出一系列措施和政策，以加强医疗系统中对关怀与慈悲的重视。我们从疫情中吸取了教训，将为人民提供更全面的身心治疗。为了为我们的新方向定调，并在国际上树立标准，我们决定在马来西亚废除死刑，以展现对关怀与慈悲的重视。

我们诚挚邀请大家积极参与并贡献智慧，以共同打造一个充满关怀与慈悲的马来西亚，明确社会价值的定义。

❝ 对领袖行为的不信任不应导致我们自己放弃行动。❞

—— Gordon Brown, *Seven Ways to Change the World*, p417

SCRIPT

Respect 尊重

尊重

常规定义

尊重意味着适当地重视他人的观点、愿望和权利。这种理解常常与钦佩紧密相关，因为它源自对被钦佩者福祉的关心，也源自他们的荣誉。这种荣誉可能来自多年的经验、受教育程度、取得的成就、社会地位。通常，尊重伴随着服从、忠诚、可靠和礼仪。此外，尊重也可以表现为对某人力量的钦佩，有时这种钦佩可能来自对对方的敬畏。当然，尊重也是一种表示认可的形式，它赋予对方与族群其他成员相同的权利。

我们的定义

在当代社会，尊重的定义有时被曲解为盲目的信仰或孝道，然而我们坚信，尊重的定义应体现人性的核心。马来语中的"Hormat"一词蕴含了人类尊严的概念。"Adab"一词包含了礼貌、谦逊等多重含义，它不仅是人民行为的基础，也是文明的根基。在佛教和印度教中，黄金法则指导着人们如何对待他人，即按照一个人希望被对待的方式去对待他人。马来西亚的尊重观念融合了上述所有元素，特别强调了人权和尊严的重要性。

尊重的愿景

我们的目标是构建一个公正的社会，其中每个人都相互尊重，塑造包容、平等、诚信的价值观。

> 信近于义，言可复也；恭近于礼，远耻辱也。
>
> —— Confucius, *Analects*

目标人群／区域

尊重政策的重点是，关注马来西亚内部被剥夺权利的个人和社区，尤其是社区内部的分歧。政府部门、雇员及社区领袖也应受到重视。该政策需要在城市和乡村实现本土化。另外，针对国际访客、难民、移民者的政策也至关重要，以塑造一个备受尊重的马来西亚。我们要将尊重视为贯彻全国的重要价值观，从而提升我们在国际上的声誉。

政策要素

我们丰富的历史和文化遗产早已深深植根于尊重这一基本元素。马来西亚的文化本质上是尊重的文化，但现在的挑战是，要将基于权威的尊重转向基于平等的新尊重观念。相关的政策需要关注多元文化、公平、共享价值，以及权利的平等获取。

经济 / 金融层面

马来西亚的尊重观念源于新经济观念，不会影响昌明大马的其他驱动因素。我们需要倡导经济政策，强调人性化经济，使马来西亚的人民在与他人交往中展现尊重。为了进行补救，我们必须废除税收优惠和激励措施，禁止有损人类尊严的行为。我们应审视金融部门的权力，寻求解决债务危机的方法，改革贷款流程，消除不公正的债务和金融障碍。为了促进创业，我们需要设计激励方案，提供资金支持，鼓励创新和可持续发展。政府必须制定基于尊重的公共商品定价规则，确保在整个从农场到餐桌的过程中体现尊重，并消除贪腐。为了应对未来的干扰，我们计划建立紧急基金，以应对意外的人道主义危机。

法律层面

我们的法律系统严重缺乏尊重，因此需要进行重大改革。为了启动改革，我们要评估现行法律和法规，审查那些不尊重人民及被边缘化的措施。要废除严苛的和不尊重人民的法律，关注种族、宗教、性别和生活中的不平等，增强社会的凝聚力。我们必须适时调整改革方案，确保改革的代表性和多元性。我们要启动国家人权审计，接受第三方国际审计。同时，设立法律援助基金，帮助那些被边缘化的人民，并制定尊重公共空间的法律，包括环境保护、禁烟、错峰出行等。我们也要立法应对工作中的欺凌、不公平和性骚扰，对欺凌者采取更严格的惩罚措施。无法避免的是，我们准备改革法律体系，以应对人工智能时代的挑战。

机构层面

在机构层面，我们需要制度化的市政厅会议，引入两届任期制度，以避免独裁和腐败，并通过电子民主建立与人民之间的沟通渠道。同时，在部门内启动问责制和质量审计，以增强对民主和治理的尊重。为了取得成功，必须确保所有部门都充分了解并执行尊重政策。启动审计，向所有部门提供报告，并根据审计结果制定与尊重相关的政策。这些新政策应考虑员工需求，如远程工作津贴、灵活工作时间、假期/休假方案、身心健康需求，以及家庭因素。要设立公共机构，进行全面监督和推进实践，推动公共部门和私营部门践行尊重，并设立首席执行官职位。

教育层面

教育系统是凝聚社会和相互尊重的关键。因此，将尊重概念融入小学和中学教育至关重要。我们需要特别关注社交媒体和新技术的使用，并推出新课程，教授尊重自然、保护环境方面的知识，并强调马来西亚不同族群之间的共同联系。在高等教育中，要鼓励对马来西亚传统和尊重概念的研究。我们需要更多的教育交流和留学项目，让人们走出去，与他人交流，同时提高马来西亚人的语言素养，包括马来语、英语、泰米尔语及土著语言，为推广尊重文化打下基础。为了应对未来，我们必须推动教育创新，让学生在传统价值观和全球竞争中找到平衡，建立尊重的纽带。

社会层面

社会是塑造一个更受尊重的马来西亚的关键领域之一。我们需要让社交媒体和传统媒体积极参与，推广尊重文化。同时，我们还必须推出更多项目，为弱势群体和被剥夺权利的个人、族群提供安全的公共空间，鼓励彼此尊重、相互理解。为了激励下一代，我们需要推出青年志愿服务计划，包括环境清洁和保护、照顾老人和病人等，基于平等和对地球的尊重，鼓励青年的创新活动。为了加强社会凝聚力，我们必须支持族群交流、跨族群合作项目，这些都能使马来西亚众多族群之间建立尊重。政府还需要在整个社会中推广尊重文化，并通过迈向尊重的实践和政策以身作则。

文化层面

虽然相互尊重已经融入马来西亚多元文化的精髓之中，但我们仍需继续培育彼此尊重的文化。其中，核心是平等、多元性、多元文化、包容性、赋权、邻里互助，以及其他关于可持续性的努力。为了保持前瞻性思维，我们还要欢迎即将到来的新兴文化，这些文化需要融入我们的尊重政策中。作为马来西亚族群的一员，我们每个人都有责任将尊重作为基础并构建桥梁，鼓励意识的转变，从过度追求无限制发展转向基于尊重、恢复传统空间的平衡。这将有助于我们发现失落的空间，找到新空间与传统空间相结合的可持续发展模式，从而保留古老智慧。政府应大力推广尊重，并提供支持其发展的设施。人民必须成为尊重的最高象征，通过有效的沟通，在马来西亚社会中，展示新的尊重观念。

城市层面

城市中心在打造更受尊重的马来西亚文化方面，还有巨大的提升空间。为了改变现状，我们需要促进族群间的普遍尊重与和谐共存，为其提供大量的公共空间，如公园等基础设施。同时，也应该鼓励本土建筑的发展和本地产品的使用，以加强对多元文化的关注和认同。为了实现这一目标，我们必须加强人民的参与，提升规划与管理能力，在技术和可持续发展中倡导尊重，有助于形成秩序与和平共处。我们也应该持续寻求新的途径，将尊重融入人口密集和紧凑的城市中。其中一种方式是，鼓励进行尊重自评，以展示马来西亚对尊重的独特理解。

> 先知看到萨阿迪洗小净。他惊叹道：'这是何等奢侈！'萨阿迪问：'洗小净也是奢侈吗？'先知回答：'是的，即使你在河边也罢。'
>
> —— Ibn Majah

乡村层面

在城市中心尊重已逐渐淡化，在乡村地区，尊重几乎被遗忘。我们需要保护乡村地区，防止过度开发和侵犯其他人的生活方式。

> **打怕的人是假的，敬怕的人是真的。**
> —— Chinese Proverb

我们利用新农业模式和新能源，开始重建乡村地区的信任。同时，我们需要建立一个更好的从农场到餐桌的供应链，以维护所有供养马来西亚之人的尊重。我们尊重马来西亚的乡村，鼓励乡村获取新兴技术，掌握必要技能。政府必须开创乡村项目，旨在实现共享公共空间、共享清洁空气和水，并以相互尊重为目标，促进研究中心的创建，以满足乡村的需求。

复杂性

为了迎接后疫情时代的挑战，我们必须通过深入研究，全面了解实行尊重政策所涉及的复杂性。同时，我们需要制定一系列互补政策，以应对复杂性及各种挑战。我们希望通过建立可持续的网络实现这一目标，让个人、群体、机构能够自由交流，共同建设一个充满尊重的马来西亚。我们的尊重政策将融合不同的期望、领域和观点，以反映马来西亚的多样性和复杂性。

矛盾

近年来，马来西亚关于尊重的矛盾显著增加。我们需要制定策略，对抗这些削弱尊重政策的政治因素、既得利益者、大企业、社会分裂者等。其中，我们特别关注在社会中由种族、性别、阶级和生活方式差异引发的矛盾，并努力消除这些矛盾，防止排外情绪的产生。政府必须注重资本主义社会、现代性、发展和多元化的矛盾，找到解决的方法，创造更好的马来西亚。在应对已知和未知的矛盾的过程中，一个重要的方面是建立规则，确保族群政策之间的有效衔接，以便自行处理分歧，并解决利益冲突。

混乱

为了防止混乱事件干扰尊重政策的实施，我们必须立即采取行动。要付出巨大的努力，发现新出现的问题并评估可能引发混乱的风险。我们可以通过减少政治、教育和其他领域中的不尊重和仇恨言论，来遏制可能导致混乱的因素。同时，政府应持续关注可能加剧马来西亚关系紧张的现象，如带有偏见的人工智能和假新闻。我们还需要评估马来西亚的复杂性和多元性，以避免可能导致国家团结受损的事件。

同时性

能否成功实施尊重政策，很大程度上取决于我们应对挑战的能力。为此，我们需确保各政府部门、企业等都能采纳并贯彻尊重政策。同时，我们必须将尊重政策作为一种平衡原则，以有效地处理各种情况。我们最终的目标是建立一个充满尊重的马来西亚，成为和平处理危机的典范。

未来 / 变革

为了长期维护尊重政策，我们需要着眼于未来，并采取一系列措施。我们需要不断审视可能破坏尊重的政策，这些政策可能引发社会动荡和新的文化问题。同时，我们也要思考新兴技术和社会发展是否会扰乱实体环境，从而使尊重政策偏离轨道。在这个过程中，我们需要重点关注人口老龄化可能带来的潜在影响，特别是，在应对疫情及其带来的创伤时，我们必须将尊重政策视为关键。未来工作的总体目标是，培养政策执行中的适应性文化，持续审视法律，并在出现错误时快速纠正。为了确保这些倡议拥有良好的基础，我们必须将尊重政策视为原谅过去的错误的方式，以便我们能够继续前进，追求更美好的未来。

> **" 确实，我们中间有些人有不同的想法和理解，有些人有不同的社会地位和立场，但我们的目的和本质意义只有一个，那就是保持我们国家的尊严和体面。"**
> —— Onn Jaafar, the 7th Chief Minister of Johor

监督

为了增强马来西亚的尊重文化，我们需要用一套系统来监督尊重政策的实施。该系统需要跟进各个层面的进展，接收反馈，并在有需要时进行介入。监督机构在监督过程中需要尊重言论自由，但也必须打击仇恨言论和不尊重的行为。通过这种方式，我们旨在构建一个能够尊重分歧、进行多元对话并体现真正民主精神的社会。我们需要根据新问题的特殊性，修改相关政策，以适应变化。我们的反馈和后续跟进，在很大程度上依赖于沟通的手段，这些手段能够被政府接受，同时保持透明。

赋能机构

为了构建一个更受尊重的马来西亚，我们制定了一系列政策，并将其作为起点。这些政策体现了我们的定义、政策要素和目标，并考虑了后常态因素。

我们将从政府部门的整合及重新定位相关部门入手，建立一个能够快速处理公众诉求并持续回应问题的系统。同时，我们还将建立一个全国性的电子系统，使公众能够直接通过该系统向机构提出诉求。这一政策的实施旨在构建开放和负责任的生态系统。此外，我们还将引入行为准则，以促进客观和公平的报道，尤其是在选举期间。不仅如此，我们也将为监督机构提供一个开放和安全的环境，特别关注社交媒体上的言论。

我们将实施全国性的无线网络（Wi-Fi）接入计划，与科技和电信行业等合作，推动网络普及。为了进一步连接不同社区，我们将在主要城市设立老年人文化中心，以展示马来西亚丰富、多样的文化。

为了促进民主，我们将确保在全国和州选举期间实行公共假期。我们希望通过创建包容的人民网络，在社会中宣传尊重。总体而言，我们将继续积极寻求基于相互尊重的新时代政治，以增加马来西亚及其人民的福祉。本着这一精神，以上列出的政策是进一步讨论的基础，这对共同采取行动，共同建设一个更受尊重的马来西亚至关重要。

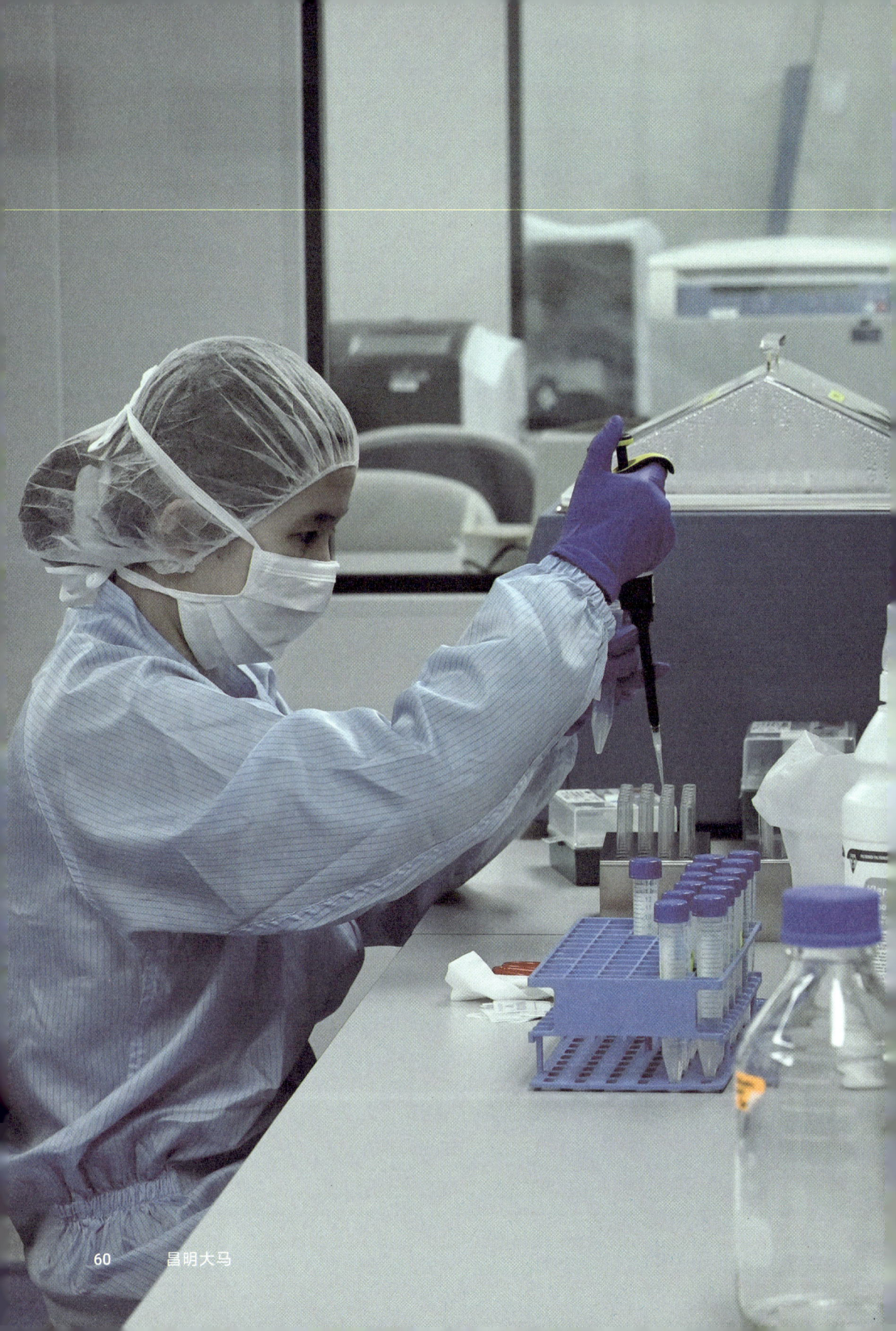

昌明大马

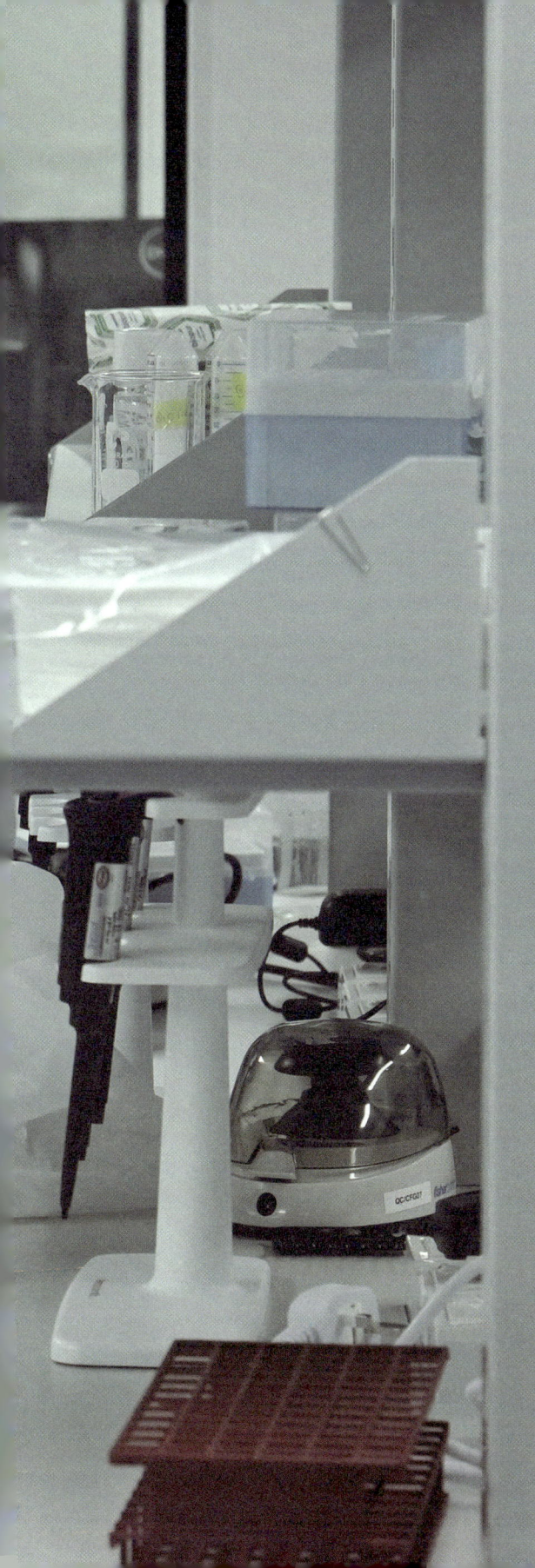

S C R I P T
Innovation 创新

创新

常规定义

创新普遍上被视作一种能够提升旧有操作效率，挖掘新想法、新产品的过程。创新不仅仅是为了改变而改变，它必须为特定系统提供有价值的改进。当下，创新与新技术和数字演进紧密相连。

我们的定义

马来语中存在多个与创新相关的词语，如"Pembaharuan"、"Pengenalan"、"Rekacipta"和"Reka Baru"，它们的核心在于有意识地设计。"Reka"可以被翻译为创造性行动、构成、细致设计。它预设了两个核心概念：一是意图和计划的存在，二是创造性是该过程的核心。创新作为马来西亚社会的驱动力，是一个持续的、演进的过程，它赋能于人民的创造力。创新型马来西亚提供了一个培养创造力的环境和基础设施，支持更好的系统、产品、想法和流程。创新的核心在于，评估马来西亚目前所拥有的，并探索未来可以改进或能做得更好的事。结合可持续性、关怀与慈悲、尊重，创新可以释放马来西亚社会的潜力，塑造一个更理想的未来。

创新的愿景

我们的目标是在马来西亚社会中打造一种创新文化，并使国家从主要消费者变为对正在改变世界的数字革命做出积极贡献的参与者。

> **" 领导者容易受到固有思维的影响。这是一种因过去的经验、成功获得的视角而对新的思维方式视而不见从而产生的条件反应。"**
> —— David J Snowden and Mary E Boone, *A Leader's Framework for Decision Making*, p2

目标人群 / 区域

制定马来西亚的创新政策，建立一个激发创意的生态系统，必须从关注教育机构开始，特别关注城市和乡村的青年，尤其是乡村中心地区的青年。此外，该政策还需针对各种背景的企业家、初创企业、土木工程师和相关政府部门。正如创新的本质一样，这些目标将在我们迈向建设创新型马来西亚的进程中自然而然地演变。

政策要素

创造创新型马来西亚的政策将与昌明大马的其他驱动因素协同，旨在利用所有人民的创造潜力。这要求各行各业、各个机构、族群和个人共同努力，强调实用的创新，而不是为了创新而创新。

> 在'基于印刷的工业社会'中，专业人士在分享专业知识方面扮演了核心角色，他们一直是个人和组织获取特定知识和经验的主要渠道。然而，在'基于技术的互联网社会'中，我们预计，将有越来越多功能强大的机器，无论独立运作还是由非专业人士操作，将取代许多曾经只有专业人士才能胜任的工作。我们预计，这将使社会上专业知识的生产和分配方式发生渐进式的变革，最终导致传统专业和职业的解体。

—— Richard Susskind and Daniel Susskind, *The Future of the Professions*, p2.

经济 / 金融层面

社会创新的一个主要障碍是经济支持的缺乏。因此，我们必须制定一个以创新为核心的新经济体系。为了在打造更具创新性的马来西亚过程中应对风险和挑战并保持经济稳定，我们需要引入一种鼓励创新的税收系统，防止资金被滥用，促进社会的平稳过渡。为此，我们必须取消那些允许企业无视人的尊严进行无节制创新的税收优惠和激励措施。我们需要通过基于移动应用程序的银行推动金融创新，特别是在小额金融领域，以激发马来西亚的创业精神。同时，我们还要鼓励金融原则的推广，并形成金融领域的更大透明度和问责制。政府必须提供资金、补助和奖学金，以探索创新的经济和商业实践方法。政府将通过采购、重建和创新，推动创新型马来西亚的建设。为此，我们需要付出巨大的努力，支持具有创新性的计划，特别是针对青少年的计划，旨在促进创新。此外，我们还必须建立基金，为创新活动中的风险提供保障，并为推广新颖想法、社会创新和新兴职业等众筹活动提供必要的资金。

法律层面

为了实现创新，我们需要更新法律，并将其当作核心动力。我们必须将创新融入现行法律，消除阻碍创新和发展创造力的障碍。为了专注于创新，我们需进行立法审查，减少冗余并更新法律和执行流程。同时，我们应探索立法途径，为创新型马来西亚之下的风险提供保障。未来，我们还需探究创新产品的法律权利和保护，特别是在自动化、自治机器人（如电子商务和自动驾驶车辆）、服务机器人（及其可能引发的医疗事故）和AI广泛应用的背景下。除了适应技术进步，我们还需采取创新方法解决长期存在的问题，如司法独立和司法制度改革。

机构层面

马来西亚的机构有能力且应当为社会全面推广创新设立标准。我们必须在全国建立科技孵化器，以培育和推广数字企业，并在全国建立艺术和手工艺合作网络。同时，我们需要设立一系列以青年为对象的创新中心，并成立一个半政府机构，为初创企业提供扶持，培育更多独角兽企业。在塑造机构内的创新文化的同时，我们还应探索在政府中激发创新思维的方法。为了维持马来西亚机构中的创新精神，我们必须制定法规和监管措施，从而顺利过渡，确保整个社会共同迈向新的未来。

教育层面

创新是改善马来西亚教育系统的关键。我们将从改革过时的教条入手，在小学和中学阶段引入计算机素养和编程教育，推广课后编程俱乐部，并促进计算机科学与文科的结合。同时，探索基于多学科、跨学科和超学科的高等教育创新方法，推广批判性思维、未来素养和可持续性，增强我们的价值观。在大学中引入以创新为重点的跨学科学位，并在乡村地区建立技术学院，提供具有学徒制的职业课程。此外，我们将建立专注于治理创新、社会创新和商业实践创新等领域的研究中心，找到应对气候变化、难民问题等当代问题的创新方法，革新我们的知识构建能力和教育系统的社会影响力。我们还必须推广"族群创新"研究，拓宽创新领域。为了激发每个人的创新精神，我们将鼓励新的族群活动和体现马来西亚创新精神的课程。我们应推动社会将教育视为终身目标，推广终身学习的文化。

社会层面

为了更有效地推广创新，我们将通过公共服务倡议，积极动员社会大众、社交媒体的广泛参与。我们将推动创新活动，解决毒瘾、无家可归、不公平劳动等社会问题，并让年轻人参与环保活动（如反塑料、回收、清洁环境和替代能源项目）。为激发马来西亚社会的创新精神，我们将鼓励开发解决社会问题的应用程序，并促进对创新的倡导。为确保创新具有持久影响，我们必须设立反馈渠道，鼓励公众积极参与创新，因为创新源于对低效、不合理过程的反思。为了让这一社会努力走上正轨，政府必须在实践中通过示范起到表率作用。

文化层面

虽然创新常与当前数字革命中的新思想相连，但马来西亚的多元文化反映了人民内心更原始的创新精神。为了激发这种潜能，我们必须让年轻人接触科技中心、模型实验室、机器人和3D打印等新兴技术，并推广具有创新特色的艺术和手工艺。政府应成为桥梁的建设者，连接马来西亚的各个族群，推动创新基础设施建设和提供配套政策。我们推广的创新应聚焦更可持续、更尊重的生活方式、关怀与慈悲，远离消费主义。我们还应推广创新的旅游方式，包含了马来西亚丰富的历史文化，并提供通往更具创新性未来的通道，同时减少对遗址和环境的影响。为巩固马来西亚的创新文化，我们可以启动激励计划，通过资金支持来鼓励创新思维。创新的推广需要上升到更高的层次，鼓励期刊、博客等专注于解决各项社会问题。

城市层面

我们的城市可以通过创新来优化。我们需要推动城市的市政设计和基础设施的创新，通过引入组装式公寓、族群志愿者翻新/建房项目，快速满足全国范围内的住房需求。我们要发展步行区、无车区和无摩托车区，鼓励市民自行清理绿地和水道，以增加旅游吸引力。同时，我们将探索雨水收集的道路和停车场的创新，减少洪水的影响，为旱季提供水源。我们需要学习吉隆坡 SMART 隧道等项目，从中吸取教训。在未充分利用的空间，可以设立多部门创新中心，并启动为期五到十年的计划，引入本地太阳能和风能技术，使建筑和社区自给自足。我们要为电动汽车和自动驾驶车辆建立基础设施，并将空置建筑打造为能源存储的空间。未使用的商场可以转变为科技城，为初创企业提供支持，连接人才与企业，提供学习的机会。

乡村层面

创新对乡村的重要性不容忽视。我们应该支持现有的乡村创新计划，建立教育中心，让农民掌握新的农耕方法和使用新能源。同时，我们也要在乡村地区建造符合当地建筑风格的住宅。为了提升

> 新的力量正在以十年前无法预见的速度改变高等教育……高等教育机构在解决当今健康、科学、教育、可再生能源、水资源管理、食品安全和环境等领域的主要问题中扮演着战略性角色……高等教育机构需要培训教师进行教学研究，并开发融入可持续发展价值观的相关课程。

—— Walter Erdelen, Assistant Director-General for Natural Sciences, UNESCO, *Plenary Session 1 – Trends in Global Higher Education*

乡村居民的生活水平，我们将提供高速光纤、移动服务和免费Wi-Fi，以推动数字经济的发展。我们还将推广创新方法，满足乡村居民的日常需求（如交通、购物等），同时保护乡村环境的完整性。在深入探索乡村未来发展的过程中，我们将积极寻找对乡村影响较小的旅游方式。我们计划启动以社区为中心的项目，通过本地化的太阳能和风能设备，实现乡村的自给自足。政府将全力支持社区进行创新，确保建筑风格符合当地文化。我们将与自然和谐共生，减少洪水的影响，并提供数字技术和服务，促进乡村的可持续发展。

复杂性

为了实现创新，我们需要细心引导后疫情时代的发展。面对创新实践的复杂性增加，我们需要准备充分，采取多种方法来应对各种问题，接受乡村和城市、经济和法律、社会和财务等方面的挑战，并积极促进创新文化的发展。为了更好地面对复杂性，我们需要建立数字网络，促进个人、群体、机构之间的自由沟通，推动创新文化的营造。我们还应该为马来西亚顺利向数字时代转型做好准备，避免落入陷阱。

矛盾

在规划马来西亚的创新时，我们需要应对创新本身的矛盾，并实施策略来应对各方对创新政策的抗拒。建立有效的制度，确保各部门之间的顺畅合作，解决潜在的紧张关系和利益冲突至关重要。

创新型马来西亚应以社区为中心，重视自我赋能，确保创新与社区的目的一致，避免在生活方式中产生冲突。

混乱

尽管混乱可能会激发创新，但我们不应该让混乱主导变革。我们需要确保马来西亚的创新不会引发可能导致社会不稳定的混乱事件。为此，我们需要不断地评估新兴技术可能引发的混乱，涵盖物联网、机器学习、机器人技术等各个领域。同时，我们还需要优化对混乱事件的追踪和分析方法，以便在马来西亚的创新过程中抓住机遇。

同时性

在当今事件频繁发生的世界中，创新将给我们带来很大的优势，但我们必须全方位处理同时发生的问题。为了确保我们不会失去优势，我们需要解决各个层面的相关创新问题，为不同地区、年龄的群体制定特定政策，同时重视当前和未来的挑战，并密切监督和积极反馈。技术优化，特别是知道何时使用技术、何时不使用技术，将是平衡创新与传统之间的关键。我们必须培养马来西亚人的创新精神，这不仅是应对当今挑战的方法，也是推动社会发展和增加民众福祉的重要途径。

> 首都的大众传媒报道了更高的国内生产总值和人均收入的增长，却鲜少报道富人与穷人之间日益扩大的差距；报道了更多的汽车，但公共交通的缺乏并未得到足够关注；报道了更多的工业，但对日益严重的污染几乎未曾提及。道路和工业事故的悲惨记录、市场中的欺诈行为、泛滥的毒品、摧残心灵和掏空钱包的现象，以及各层面上的明显消费，这些都是令许多人困扰的增长类型的症状。我们被告知这是进步的代价——但如果进步的益处仅由少数人享受，而更多人承受的代价更为沉重，则这种不平衡让我们感到更加忧虑。

—— Anwar Fazal, *Our Cities, Our Homes*, p3

未来 / 变革

盲目追求创新可能导致我们对未来的理解变得过于片面。因此，我们在处理有关变革和未来的策略时必须保持批判性思维。为此，我们需要密切关注全球趋势和新问题，这些可能催生新技术和社会文化创新。我们必须深入研究当前的创新政策及可能带来的各种后果。在反思和分析时，我们应考虑新兴技术和社会发展可能对经济、文化等造成的影响，以避免创新政策偏离轨道。同时，我们需要鼓励人们了解马来西亚的历史，以此为基础，为我们未来的行动提供连续性。为了拓宽对未来的视野，我们需要不断提高马来西亚应对各种情景的能力。通过深度学习的政策构建方式，我们努力制定一系列透明且负责任的计划，使马来西亚在未来十年内成为被免费 Wi-Fi 覆盖的国家。在创新过程中，我们必须认识到在构建创新型马来西亚的过程中，成长的痛苦和障碍是不可避免的。

监督

为了确保创新与当前政策不冲突，我们需要进行监督。我们需要建立系统来监督关于创新的进展，收集各个领域的反馈，并在有需要时调整相关政策。同时，我们也要管理各个领域之间的互动，及时修订政策并引入必要的新政策，以应对新出现的问题，积极地监督、反馈将有助于降低混乱事件的风险。我们需要设计一种方法，时刻追踪马来西亚的进展并关注外部世界，以便精准地识别马来西亚在哪些关键领域拥有发展空间，以及在全球范围内，有哪些尚未被充分开发的领域特别适合马来西亚去探索。

赋能机构

以下政策考虑了我们所追求的创新型马来西亚的定义、政策要素和目标，以及后常态维度，为迈向我们所期望的变革提供了帮助。

我们将审查、整合当前负责推动创新文化的相关职位、办公室、特别工作组和委员会。我们将在需求最迫切的地区建立乡村创新发展中心。我们也会振兴赛城项目，引入外国直接投资（FDI），并制定一个旨在使其成为东南亚科技之都的坚实战略。为了拓宽我们的知识面并增强马来西亚的优势，我们将组建并派遣一个研究代表团前往全球关键创新中心，探索建设创新型马来西亚的新方法，并与其他国家建立合作关系。在马来西亚，我们将推出重大税收优惠和预算改革，以鼓励创新并开启创新浪潮。我们将概述涵盖绿色新政、能源安全与转型，以及向创新型马来西亚过渡的政策，以推动未来的工作。本着合作的精神，我们将采纳这些基本政策，并在尚未探索的政策中找到更具创新性的马来西亚的前进道路。

Innovation 创新　75

> 财富不是由财富产生的，而是由许多富裕的人产生的。

—— Nik Abdul Aziz Nik Mat, the 17th Chief Minister of Kelantan

Innovation 创新

SCRIPT

Prosperity 繁荣

繁荣

常规定义

繁荣是一种美好生活的状态，通常与富裕、成功、个人福祉、舒适和安全相关联。繁荣是一个定性的、相对的术语，代表通过努力和奋斗获得的成就。繁荣是一个高度主观的状态，很大程度上受到所处的时间、地点和文化背景的影响。常规定义之外，繁荣还可以被理解为一种无须担心金钱或物质需求的状态。

我们的定义

马来语中表示繁荣的术语"Kesejahteraan"没有英语等义词。"Sejahtera"等同于福祉，或更恰当地说是完整的福祉。马来族的繁荣观念也深受"Falah"概念的影响，强调历史传统和精神满足，认为成功、幸福和福祉源自自我提升。在马来西亚，追求繁荣要求采取可持续的态度，体现在关怀与慈悲、对所有人的尊重，以及在物质增长和精神满足之间保持平衡上。同时，还需鼓励持续创新。繁荣应成为社会的普遍状态，是所有人民，即现在和未来的一代在最好和最坏的时刻共同追求的目标。马来西亚的繁荣是进步的标志，族群与个人的成长可以与经济增长同时发生，而不以牺牲另一方为代价。

繁荣的愿景

我们的目标是，通过平衡的和可持续的经济增长赋予人民权利，实现包容，同时全面考虑到个人、族群和国家的整体福利，最终创造一个繁荣的马来西亚。

目标人口 / 区域

在制定政策以促进马来西亚繁荣时，我们必须考虑到整个国家的多元性和多元文化。

政策要素

建设一个包容的、繁荣的马来西亚是一个持续的过程，需要社会所有层面的参与。繁荣综合了可持续性、关怀与慈悲、尊重、创新，我们应深刻认识到社会的多元性和复杂性。繁荣政策不仅要改善马来西亚当前的状况，还要设定全球标准，增进社会及人民的福祉。

> **虽然繁荣历来是经济学家关注的核心问题，但'包容性'这一修饰语促使我们考虑结果的整体分布，而不仅仅是平均值，并广泛审视繁荣的多个维度，包括健康、气候变化、政治权力等。**
>
> —— *Economics for Inclusive Prosperity*, p1

经济 / 金融层面

这里所讨论的繁荣不仅仅是通过投入巨额资金来解决问题，而是需要重新思考基本经济原则。为实现马来西亚的繁荣，我们需要引入一种新的经济思想，努力在现有的昌明大马中取得平衡。为此，我们需要推动经济集群的发展。我们可以从改善国库控股有限公司的经营模式开始，增强该公司的能力。此外，我们还需要深入研究工业4.0和其他关键经济理论，以找到最适合马来西亚的方案。基于这些新知识，我们必须开发新的方法，以应对当前的挑战和未来的经济危机，为马来西亚的繁荣铺平道路。新系统将平衡贷款延期、债务取消和工资补贴，同时弥补因疫情及其次生影响导致的公积金损失，并在发生金融危机时保障养老金。此外，新系统还将加快中小企业的贷款申请和创业基金的发展。为了确保所有人都能享受福祉，我们将使用一个新的税收系统，以减少经济差距并将资金重新投入到保障人民利益中。同时，我们还将对罚款和费用体系进行全面改革，将税收用于教育、社会保障和医疗保健领域。一项重要政策是，取消低收入群体（B40）的过路费（为他们提供"特别通行证"），并规范中高收入群体（M40、T20）的过路费，确保所收集的资金用于社会改进，尽可能不再征收多余的过路费。考虑到像疫情这样的灾害和经济的不确定性，我们必须建立更多的安全网和提供应急基金，以应对未来可能的危机。为了缓解贫困，我们将免除低收入群体的国家高等教育贷款，并鼓励族群合作，以促进人民的繁荣。为了实现经济政策上的均衡分配，我们需要积极推动城乡之间的经济联系，并大力支持技术市场的发展。同时，为了迎接未来的挑战，我们致力于将马来西亚打造成为区域性的电子商务物流中心，并深入研究在马来西亚建立类似亚马逊、阿里巴巴区域性物流枢纽的方法。

法律层面

为了引导马来西亚人民走向繁荣，我们需取得微妙的平衡。我们需要审视现有法律和法规，确保它们更好地支持马来西亚的繁荣政策，并探讨在工业4.0时代到来之际，需引入哪些新的法律。我们迫切需要制定法律来维护工人的权利，尤其要重点应对自动化和机器人取代工人所带来的挑战。为了使法律系统长远发展，我们应引入针对未来的罪行，以便追究那些危害环境和威胁马来西亚后代繁荣的人的责任。我们必须支持司法独立，以便通过马来西亚公平的司法体系，维持繁荣并让其触手可及。

❝ 研究结果显示，相较于新安置计划下的家庭，生活在环境敏感和受保护地区的土著更有可能陷入贫困。他们经济状况不佳的重要原因是基础教育和就业机会不足。进一步的研究揭示，该族群在获取住房、教育和其他社会基础设施等方面面临困难。此外，对流域的监管及对棕榈油和天然橡胶等商品的重视，也间接地加剧了土著之间的贫困和不平等。❞

—— Fatimah Kari et al., *Poverty within watershed and environmentally protected areas: the case of the indigenous community in Peninsular Malaysia*

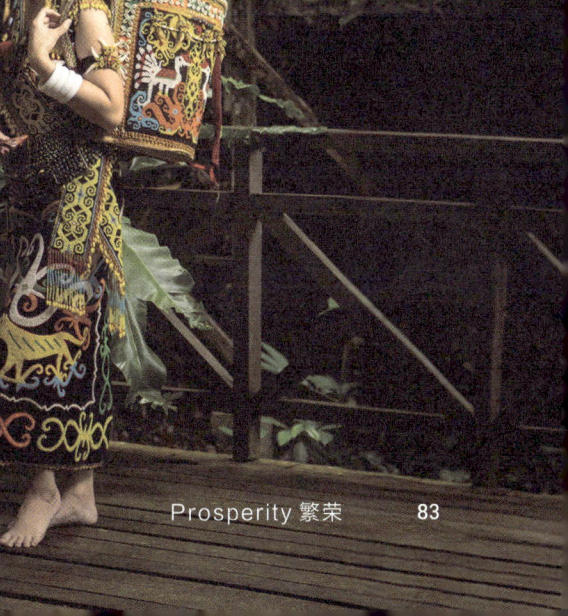

机构层面

对人民的福祉而言，至关重要的是，马来西亚的机构必须贯彻我们对繁荣的定义。我们的政府必须转变为一个学习型政府，通过持续研究和使用大数据技术，适应不断变化的未来。作为一系列改革的一部分，马来西亚统计局内部将设立一个未来事务单位，帮助我们更专注于监督关键的国际和国内趋势。各级政府拥有长远格局，将有助于制定繁荣政策和适应不断变化的环境。我们必须确保企业的董事会能够代表马来西亚的多样性。此外，要设立一个机构，专门推动企业的慈善活动。我们还将推出适用于马来西亚的繁荣指数，并提供指南，以促进机构的改革，从而推动马来西亚的繁荣。

教育层面

我们的教育机构需要重新思考如何使马来西亚的学生成长，让他们追求繁荣，而不只是关心简单的财富积累。我们计划从小学和中学开始，引入关于昌明大马的课程。为了推广这一新课程，我们将提高整个教育机构的马来语和英语教学水平，确保学生能够充分理解。教育者和学者需要共同探讨个人和马来西亚繁荣之间的伦理方法。我们还将在所有高等教育机构推行质量评估方法，以监督昌明大马的实施。我们必须支持大学开发新的、适应性强的、与行业相关的学位，并专注于新兴技术。我们还计划通过发展关键领域，吸引人才回国，并在中高等教育中推广 STEM 教育。政府和教育部门需要重新审视教育体系，确保为马来西亚的未来打下坚实基础。

社会层面

为了让社会繁荣，我们需要让人民、社交媒体和传统媒体一起推广新的马来西亚繁荣理念。我们必须建立国家医疗援助系统，推出适当的国家健康保险计划，以增进人民的福祉。我们还需要消除社会分裂，纳入跨代视角，通过广泛对话建立共同理念。在众多改革中，重新定义马来西亚的正义观念是至关重要的，且须将核心转向繁荣、共享。

文化层面

在马来西亚，人们对繁荣有不同的看法，有正面的，也有负面的。我们需要努力推动繁荣，让它成为连接不同族群的纽带。为了保持文化的平衡，我们应该鼓励跨文化、跨种族讨论繁荣的理念，探讨它在过去的含义及如何改善未来。政府和人民需要转变价值观，追求新的繁荣理念。我们还要将昌明大马融入文化，以对抗腐败等问题。为了保持文化的活力并确保文化传承，我们需要进行跨文化对话，凝聚马来西亚的多元文化资源并找到不足。

城市层面

我们的城市将成为推广马来西亚新繁荣理念的关键。我们要制订专注于新兴技术的学徒培训计划，提高劳动力对未来的理解和应用能力，让年轻人加入提升技能和竞争力的计划。同时，我们需要倾听社会的声音，确保让城市中的各个族群实现繁荣。我们应重点推动慈善和公益活动，特别是利用未使用的城市空间和资源，促进城市各层面的繁荣、共享。

乡村层面

虽然传统上认为城市是理想的生活场所，但我们需要打破这种观念，让乡村和其核心族群也能在不牺牲生活品质的情况下体验到新的繁荣。我们将鼓励农民种植高价值农作物，并重新评估农业补贴方案。这将促使我们开展更多方面的农业实践，以应对价格波动、外部市场变化和通货膨胀危机。为消除乡村繁荣的障碍，取消FELDA垦殖民的债务是关键政策之一。摆脱债务后，我们需要探索农业4.0，提高农业部门生产力。政府必须以包容的方式与乡村共同制订以昌明大马为框架的未来农业计划，使每个马来西亚人都能迈向繁荣的未来。

复杂性

通过昌明大马，马来西亚将在后常态时代实现繁荣，并应对现代世界日益增加的复杂性。我们需要从传统经济中学习，理解向包容的、可持续的和充满关怀的经济模式转变所涉及的复杂性。在此过程中，我们必须认识到国家繁荣带来的复杂性。为了实现繁荣政策，我们需要使每个马来西亚人拥有批判性思维，将复杂性融入日常生活，并理解复杂系统中单一元素造成的后果，避免过度简化和草率分析。

矛盾

在追求繁荣时，我们会遇到很多矛盾。为应对这些矛盾，我们需要制定策略，抵制无节制积累财富的资本主义者。我们要预见并处理在迈向全国繁荣过程中可能出现的矛盾，特别是地区之间、个人与国家之间的矛盾。同时，我们要面对可能遭遇的反对，并预见到一些企业可能会迁出马来西亚。为成功应对繁荣政策带来的挑战，我们需要解决马来西亚各族群产生的矛盾。除了实施繁荣政策，我们还需采用昌明大马，发展一种崭新的马来西亚模式，直面矛盾，消除障碍。

混乱

繁荣很容易受到混乱事件的影响，因此我们需要思考混乱事件对马来西亚的冲击。我们必须预见市场的不稳定行为，并制定应对策略。同时，要提前准备好应对未来可能出现的房地产市场崩溃、学生贷款泡沫及其他债务问题。我们还要为可能的国家之间的紧张关系做好准备。最终，我们必须在经济、社会等领域，更好地理解马来西亚面临的混乱与危机。

同时性

为了使马来西亚繁荣，我们需要同时应对多个事件，并在事件迅速发展时做好准备。我们必须在各个层面解决与繁荣相关的问题，包括国家和国际层面的气候变化、国家层面的财政和立法变

昌明大马

> 马来西亚的矛盾显而易见：一方面，一些机构通过推广民粹主义来赢得人心；另一方面，又维持着权威性，尤其是实施无审判拘留。这些机构协同作用，形成了一种精密且严格的控制体系，以遏制那些可能对政治稳定乃至日益增强的经济主导地位产生威胁的力量。

—— Anne Munro-Kua, *Autocrats vs The People*, p5-6

革、乡村层面的土地使用，以及城市层面的定居和发展问题。

未来 / 变革

繁荣是一个面向未来的概念，必须在政府和人民的行动中体现出来。我们需要培养对未来的洞察力，以识别资本主义引发的不平等问题，并掌握解决全球经济趋势和应对新问题的能力。我们应通过未来思维获得战略远见，拥有长远思考和繁荣发展的能力。基于未来视角，我们必须持续地探索与改进繁荣政策，使马来西亚对繁荣的定义能够随着时代的变化而完善。

监督

改革和引入新思维对于实现马来西亚的繁荣至关重要。我们需要制定全面衡量繁荣的新指标，并采用精准的方法持续追踪全国的发展进程。实现繁荣没有一劳永逸的方案，我们必须探索不同族群中的多样性，并确保所有马来西亚人民都能公平地实现繁荣。在创新过程中，我们需要整合国内外的繁荣指标，并对国际机构的评估保持开放态度。同时，通过有效的沟通方式，促进人民与政府之间的交流，以确保繁荣政策得到持续反馈并与人民紧密相连。

赋能机构

为了向更繁荣的马来西亚迈出第一步，我们将实施以下政策。

我们将建立研究机构来探究并推广繁荣政策和其他有益的人文经济学观点。我们还将设立研究工业4.0和农业4.0的机构。与此同时，我们将推出一项计划，实施相关的立法和指导方针，并确保昌明大马整合到政策制定和实施中。为了应对当前危机和预防未来危机，我们将审视并整合相关部门，确保政府部门及其子部门优先处理食品安全问题。在此过程中，我们将鼓励各部门制定具体的进度表，以研究和执行促进人民持续繁荣的措施。为了实现人民乃至整个马来西亚的更大繁荣，我们将征求人民的意见，以实现繁荣的愿景。

> " 监视资本主义，名词。
> 一种新的经济秩序，将人类经验视为隐藏的生产和销售实践的免费原材料；一种寄生性的经济逻辑，其中商品和服务的生产被嵌入到一种全新的全球行为改造架构中；资本主义的一种变异形式，其特征是在人类历史上前所未有的财富、知识和权力的集中……"

—— Shoshana Zuboff, *The Age of Surveillance Capitalism*, before the contents page

SCRIPT

Trust 信任

信任

常规定义

信任是对个人或多人在执行特定任务或展现某种能力上的强烈信心。通常，信任也可指在日常生活中坚守真理和明智判断的特质。在通俗用语中，信任与需要制衡的情况对立。这一特性使得它成为法律领域中特别吸引人的词语，常被作为关于财务保证或个人信誉的象征。鉴于资本主义对文化和语言规范的影响，"信任"一词在使用中往往暗示了一种交易性或货币化的价值。在相对主义和无知的背景下，信任作为现代词语正面临一场危机，逐渐推动我们进入后真相时代，揭露了关于信任的缺陷和过时的观念。

我们的定义

21世纪初，几十年的动荡消磨了大众对政府的信任，侵蚀了我们打破封建主义循环的希望，但我们不能放弃推动民主的核心原则。马来语中的"信任"一词，源自阿拉伯语"Amanah"，意味着承担世俗、道德的责任——这是历史上许多社会维护秩序的支柱，并且维护了最早的大型贸易网络之一：丝绸之路。在传统中，"Amanah"也是自由意志的基础。马来语中还有另外两个词——

"Kepercayaan"和"Pertanggungjawaban"——这两个词帮助我们解释我们希望在马来西亚重燃信任的含义。"Kepercayaan"指信念，而"Pertanggungjawaban"则加入了互惠原则，表明我们不仅在道德上负有建立信任的责任，还要尊重别人对我们的信任。在马来西亚，信任是极其重要的内容。信任的意义超出了维持个人声誉，无论在国内外的商业活动还是我们的日常生活中，它对社会的日常运作都至关重要。没有信任，一切都将无法维持。我们都对一个因缺乏信任而停滞不前的世界非常熟悉。我们需要重建被破坏的桥梁，修复信任，并消除历史上社会内部出现的障碍和困难。

信任的愿景

我们努力恢复马来西亚社会的信任，以重新加强国家的凝聚力。这种信任需要在政府与人民之间，以及个人、家庭、族群和所有共享我们领土的组织之间建立，它是构建更美好未来的基石。

目标人群/区域

为了制定重建马来西亚信任的政策，关注那些对当前局势感到失望的人至关重要。这些政策必须同时关注人民和政府及其他部门。除了国家与个人之间的关系，我们还需瞄准国家和州的代表、地方领袖及城乡核心族群。制定针对商业领袖的政策同样重要，要涵盖国内外商业活动，从跨国公司到小型本地家庭式商店。在重建马来西亚信任的同时，与其他国家建立信任同样重要。

Trust 信任

政策要素

那些靠着"信任我们"这种空洞承诺的时代已经结束了。政府向人民寻求信任，实际上会削弱剩余的人民对于政府的信心。信任最好通过实际行动来增强，信任政策的目标是，加强马来西亚社会中人民之间的相互信任，而不是盲目信任。因此，信任政策是支撑可持续性、关怀与慈悲、尊重、创新和繁荣政策的关键。恢复信任的政策将打造更直接的民主系统，立法者可以推动人民成长，实现进步，并共同建设未来、持续发展。

> 世上还没有一种方法，可以从一个人的脸上探察他的居心；他是我所曾经绝对信任的一个人。
> —— Shakespeare, *Macbeth* 1. IV. 11

经济 / 金融层面

尽管马来西亚在经济领域中面临信任赤字，但这些领域也存在巨大的机会。我们必须推广一种商业文化，在马来西亚内部促进更强的信任，同时反对那些导致职场和社会不平等的腐败和歧视行为。我们需要重构税收补贴政策，消除那些削弱了马来西亚经济能力和国际市场信任的补贴，同时支持能增强经济信誉和吸引外部投资的补贴。在朝圣基金等社会项目中根除腐败至关重要，这让我们为各种困境下的受害者提供紧急基金奠定了良好基础。我们必须开展一项计划，通过与国家银行及金融核心合作，来解决债务危机，取消无关的债务，同时特别关注与自然灾害、疫情和行动管制令（MCO）相关的债务并减少国家债务，以便应对未来的危机。处理重大金融犯罪的任务是很艰巨的，我们将与司法机构合作，处理那些未解决的严重金融犯罪案件，确保犯罪者归还非法所得，并制定政策，防止此类犯罪重演。我们还应鼓励大中小企业及私营部门和公共部门之间的合作，建立经济连贯性和稳定性，防止信任受损，并提升马来西亚商业的质量，拥有更好的全球发展前景。当我们将经济机构与国家及地方族群领导层结合起来时，就可以打破部门间的心理隔阂，就可以重建信任，并共同促进更强的信任和平等。我们还需要调整与合作伙伴的关系，重新评估各项企业补贴政策，打击垄断和商业黑手党，以确保公共商品的补贴真正用于满足人民的利益，而非流入特权阶层的口袋。

法律层面

现在是审查现行法律、法典及宪法的时候，以加强人民与政府之间的信任。我们需要审视和废除威胁到建立信任的措施，改革过时的法律。为了增强司法独立，我们还要确保法律系统受到公众信任，并避免受到法外之力的威胁。执法部门、司法部门和政府都需要独立的监督机构，以维护正义，远离腐败和外部影响。为了重建对法律系统的信任，我们必须改革国家的法律，促进信任，确保法律适用于所有人，而且公平公正。同时，我们还应该进行选举改革，以实现民主，减少金钱政治的影响。

> 在我看来，最有效率的领导者从不说'我'。
>
> 这并不是因为他们训练自己不说'我'。
>
> 他们不考虑'我'，而是考虑'我们'，考虑'团队'。
>
> 他们明白自己的工作是让团队运作。
>
> 他们接受责任，不回避责任，但是功劳归'我们'……
>
> 这就是建立信任的方式，也是使你能够完成任务的方式。

—— Peter Drucker, management guru and co-author of *Managing for the Future*

机构层面

虽然常被忽略，但我们的政府在建立马来西亚的信任和维护国家团结方面扮演着关键角色。我们需要鼓励政府和私营机构创建内部部门，以建立可持续的信任。我们必须探索在国家、州和地方层面上促进跨文化和社会信任的机制。我们需要推进议程改革，包括设立政治职位任期、持续关注洲际关系、制定反金钱政治法律，并实施新法律，以防止民主退化。在国际层面，我们需要重新评估马来西亚的外交政策，思考如何改善我们所持有的立场，以及在与我们直接和间接的问题中所发挥的作用——要注重与我们紧密相连的当代国际事务的复杂性，以恢复与邻国之间的信任。为了维护信任，必须加强反馈和沟通，确保国会能及时了解地方层面的事件。我们还需加强各部门之间的制衡，关注国家资金的分配和人民利益的维护。监管机构将面临挑战，需要进行必要的改革，以增强政府与人民之间的信任。

教育层面

我们面临的真正挑战在教育领域，这也是昌明大马其他因素的共同点。因此，我们需要在小学和中学推广关于信任的课程和项目。通过特殊项目和课程改革，我们的教育体制应从文化相对主义转变为文化欣赏和文明对话。我们还需要研究地方性腐败，并从根本上调查学校中的不当行为和腐败案件，建立人民对马来西亚教育的信心。我们应推广旨在实现公平的特殊项目，如消除性别差异、照顾特殊学生等，并鼓励族群与企业合作，为每个孩子提供平等的机会。同时，高等教育国家委员会、教育部及相关部门要提升教育质量，解决不满，加强学生、家庭、族群和教育工作者之间的联系。为了提升教育声誉，我们需要设计一套课程，培养信任，并将更多未来技能纳入课程中，如计算机科学等。在教育改革的过程中，我们必须保持平衡，提升社会对高等教育的认可度，使学生能够为追求职业发展感到自豪。同时，我们应鼓励将教育视为一种终身追求，并支持体现这一价值观的教育项目。

社会层面

社会中的信任不应被视为理所当然的存在，我们也不应期望信任会自动形成。我们必须积极重建马来西亚的信任，通过建立公共服务渠道、开发线上内容和社会项目，进行开放对话和鼓励有建设性的沟通，以解决社会内部的分歧，赋予人民更大的话语权，从而增强他们对社会的信任。我们应该鼓励更有效的沟通，以让政府与人民之间建立更坚实的基于尊重和信任的关系。我们还应该着重于建立独立机构，为那些被剥夺权利、处于不利地位的边缘群体，提供安全的沟通空间。同时，政府应鼓励成立青年和妇女组织，并通过跨文化项目，共同构建一个更值得信赖的马来西亚。要通过改造和重新利用废弃空间，在大型购物中心之外创建更多的族群交流空间，进一步增强信任政策的实施效果。

文化层面

在我们的文化中，信任被视为重要的事物和珍贵的社会资源，绝不应被视为理所当然。我们必须回顾历史，理解信任的价值，包括政府与人民之间、不同背景的人民之间，以及人民与环境之间的信任。我们必须在马来西亚全国范围内推广透明和问责的文化。此外，我们还须寻求新方法，在家庭、社区、职场和日常生活中重新激发信任文化，特别是在社区、教育和工作中促进信任，以及在处理国内外问题时保持信任。我们可以通过聚焦于气候危机、环境保护、可持续发展及数字未来等文化项目，来增强文化软实力。简单来说，我们必须将信任作为实施可持续性、关怀与慈悲、尊重、创新和繁荣政策的关键。

城市层面

传统上被视为与信任无关的城市，实际上蕴藏着巨大的机遇，等待我们去发现。我们需要识别城市中的主要障碍。在执行过程中，我们应针对公共产品的定价机制进行改革，以减轻人民的负担，并确保价格是合理的。我们需要通过促进族群间的互动，来增强城市居民对多元性的理解，并确保个体和族群不会在城市中迷失。此外，我们需开发更好的智能技术，与现有的低技术系统共存，以减少数字鸿沟。我们还需要重新评估零工经济在城市中的影响，确保现有服务和职业之间的平衡，并力求为所有人提供公平的机会。在全国范围内，我们必须开展与自然环境协调、保护历史遗址并优化公共空间的城市规划。我们应该推广创新的社区空间和户外的智慧空间，而不是继续兴建更多的购物中心。通过这些场所，可以增进个人、社区和企业的信任，同时保留马来西亚的传统习俗，如市集、小吃摊、体育活动和节庆等。我们还需要积极开展城市活动，清理水道、公园和自然景观，并推广志愿者活动，让居民积极参与社区的活动。为了在城市中赋予居民更多权利并确保长期的信任，我们应鼓励居民加强身份认同，资助定制道路、人行道、照明设施及街道标识等项目，无论是保留传统、接纳新风格还是两者的融合。

乡村层面

信任能够使乡村振兴，在乡村与城市之间建立更强的社会凝聚力至关重要。我们需要像对待城市一样，消除乡村地区的主要障碍。乡村居民应该在他们的社区中拥有一定的地位，这可以通过让土著参与日常决策来实现，并在州级甚至联邦级层面建立连接社区的桥梁。为了确保乡村的声音得到国家层面的重视，我们需要建立更好的反馈和沟通机制。其中的关键政策是，建立一个新的从农场到餐桌的模式，赋予农民、销售商、制造商、中间商和消费者对等的权利和责任，以信任为基础，解决食物安全问题。同时，推动乡村的身份认同也很重要，要资助乡村，使其能够更好地掌握土地权益，并在不牺牲经济利益的情况下保留其传统。我们必须探索将先进的教育、医疗设施融入乡村的方法，同时尊重乡村的文化、生活方式。为了实现这一点，我们将建设教育基础设施，引入新技术，并扩大Wi-Fi的服务范围。通过整合地方治理方式，使各族群的首选系统可以顺利融入州和国家系统中，加快民主进程和提升人民参与感。乡村和城市之间的信任对于国家统一至关重要，因此，我们需要探索新的乡村至城市的流动方式，减少交通拥堵和燃料排放。在整个过程中，我们必须不断创新，减少城市化和乡村化中的极端现象，以确保各地能够顺畅过渡，构建一个充满信任的国家。

复杂性

我们当前正面临着复杂的挑战，这些挑战使信任变得难以维持。因此，我们必须深入理解并研究复杂性，以防止后常态时代扼杀我们对一个值得信赖的马来西亚的追求。为了建立信任，我们必须从那些我们仍有一定控制力的领域开始，努力减少社会中的不必要的复杂性。我们必须尊重马来西亚各地的多元性，同时也要重视在特定地区促进信任而采取的创造性举措。在应对复杂性的过程中，我们需要找出一种既尊重社会中技术鸿沟的复杂性，又结合技术性和非技术性的方法，因为技术并非总是解决问题的答案。当系统的复杂性超出我们的解决能力时，我们要鼓励有效的沟通，以更好地应对所面临的多元性和多元文化带来的复杂性。我们必须坚持培育一种文化，接纳复杂的思考方式，同时构建一个在面对复杂问题时，依然可以保持自信的国家。

矛盾

为了使信任政策得以顺利实施，我们需要探索一种全新的方法来应对新出现的矛盾。我们必须承认并接受社会中不可避免的矛盾，在建设一个充满信任的马来西亚道路上，超越这些根本的矛盾。这进一步要求我们加强对人民的教育，特别是对孩子的教育，使他们具备处理生活中各种矛盾的能力，并培养他们辨别虚假与真实的能力。同时，我们也需要不断完善社会中关于不满和权利剥削问题的模式，以消除障碍。因为小的信任裂痕不应导致整个社会被否定，即"一颗老鼠屎坏了一锅粥"的情况。为了赢得后代的信任，我们需要建立明确的参与规则和标准，以此来培养信任，并同时界定有违马来西亚信任行为的后果，从而有效地减少潜在的紧张和冲突。

混乱

混乱，像复杂性和矛盾一样，通常与信任的负面影响联系在一起，但也为我们提供了建立更强的国家信任的途径。我们需要研究减少复杂性和矛盾、增进理解的方法，以减少威胁国家信任的混乱事件。我们必须重申法治下的平等原则，以减少个别事件对马来西亚司法系统的破坏。我们需要不断地评估马来西亚族群内部之间的联系，以防止人民之间的信任减弱及其对民主制度信念的动摇。为了防止信任被滥用，我们不应过度将信任作为社会中的一种机制，而应持续探索新的方式来重建人民对社会的信任。

同时性

为了建设一个值得信赖的马来西亚，我们不仅需要具备同时工作的能力，还需拥有同步工作的能力。这将要求我们采用委托方法和集体行动，以快速有效地应对同时发生的事件和危机。我们还需要探索增强信任的方式，以应对同时发生的事件。在面对同时发生的事件时，要快速采取行动，必须拓宽我们的沟通、反馈和学习途径，掌握同时适用于多样化的人口、族群、地点，以及数字生活的模式。

未来 / 变革

为了在马来西亚建立持久的信任，我们需要确保这种信任足够强大，能够抵御少数人的滥用，并全面实现昌明大马，以建设更好的马来西亚。为此，我们必须将未来意识和应对能力置于优先位置。为实现这一目标，我们需要建立各种机构和特别工作组，以探索当前趋势和新问题，制定相应的战略，以确保马来西亚未来拥有可持续的信任。未来从事工作的人，应该探索充满信任的未来，同时牢记可能对现状带来潜在挑战的因素，以成为改革的推动者。我们还必须在数字技术、本土智慧、环境尊严、良好治理和社会变化等因素之间取得平衡，并通过这些因素加强信任。最终，我们必须在社会中形成对未来的素养，推动重复实验、从错误中学习、改革和更新，建设一个体现这一政策驱动力的马来西亚。

监督

为了有效追踪和遵循信任政策，我们需要利用技术和非技术性的反馈机制，确保族群和政府能够敏锐地掌握国家的动态。同时，为了及时应对潜在问题，我们还需要识别违背信任和造成腐败的途径，并进行持续的监督。在保持开放和迭代下，我们应专注于追踪族群在城市、乡村、数字环境及不同身份之间的新尝试，特别是信任缺失及冷漠现象。为了确保政策能够灵活调整并应对变化，我们需要在政策中设置缓冲措施，以便在改革的过程中进行评估。

> 永远不要信任一个有理由怀疑你知道他伤害过你的人。
—— Henry Fielding, eighteenth century English novelist and irony writer

赋能机构

为了重建马来西亚的信任，我们应该迈出第一步，制定一系列政策。这些政策将基于我们对马来西亚的新定义、政策要素和目标，以及与社会信任相关的后常态时代的问题。

为了维护马来西亚的更强信任，我们将以身作则，在各个部门内设立相关机构和采取具体措施。此外，我们将启动对马来西亚新信任问题的研究工作。在立法和政策制定方面，我们将确保尊重三权分立原则，并减少可能妨碍司法独立的干扰。为了全面监督，我们计划在法律和国会部长职位及办公室中更好地融入法治，包括两院的议长。

我们将建立一个国会特别工作组，专注于法律辩护，以解决言论自由和新闻自由问题，促进监督，并加强马来西亚的第四权力。为了推动社会信任和技术创新，我们还将积极推广技术进步（如区块链）及其在社会各领域的创新应用，以减少腐败，加强社会信任。为了重建人民与维护法律和秩序的政府之间的信任，我们计划推出一项全面的改革议程，以减少警察的贪腐行为，并建立更好的报告和监督渠道。为了在国内外建立人民、政府与外部世界之间的信任，我们将全面审查与马来西亚移民事务、难民和法律/主权相关的政策，并确保它们与昌明大马相结合。

我们深知信任不是单向的，因此，我们期待大家的参与，欢迎大家提供意见和想法，共同引领我们走向更加美好的马来西亚。

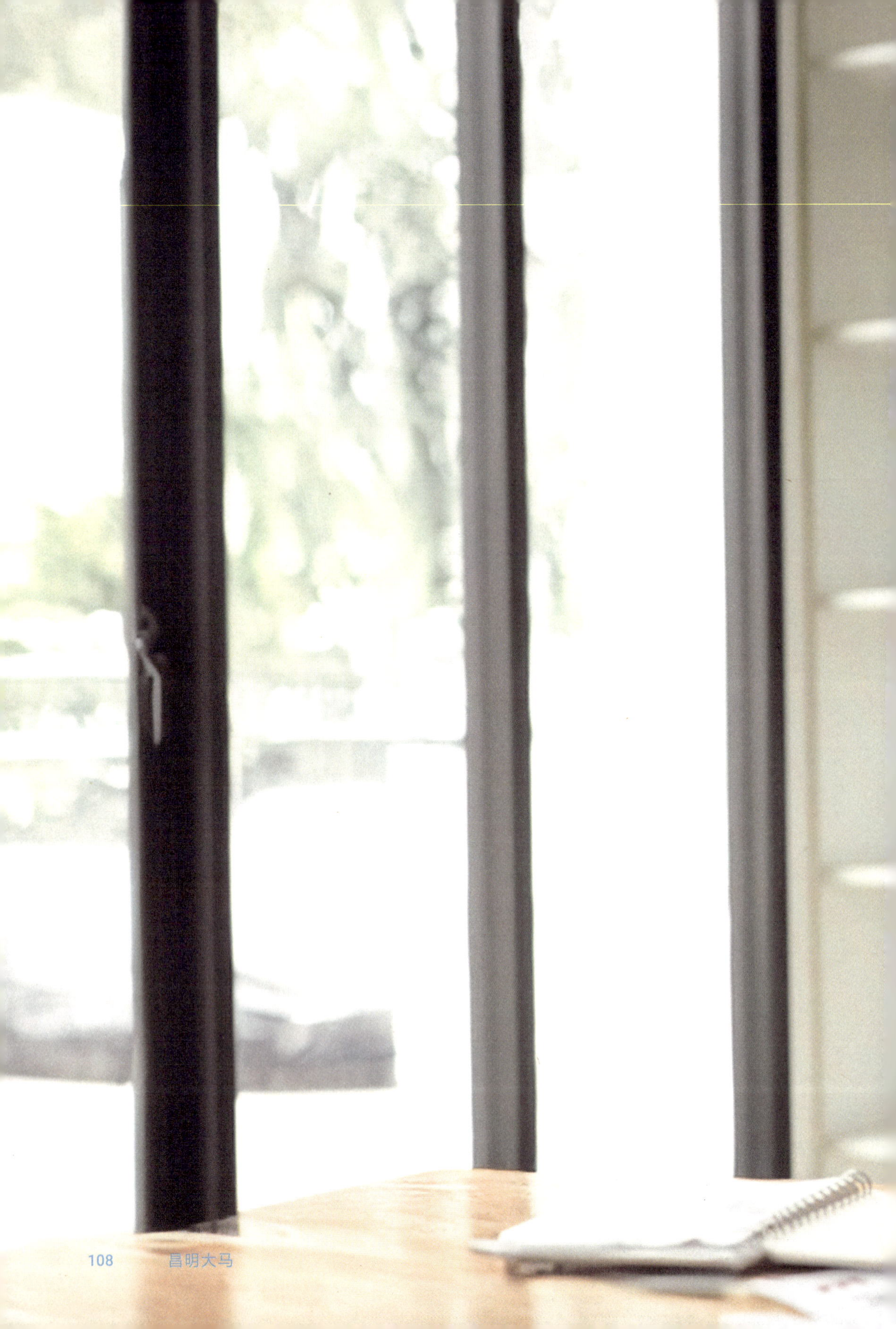

> 信任已经过验证的人。
> —— Virgil, ancient Roman poet

Trust 信任　　109

昌明大马（SCRIPT）
在后疫情时代的运用

常规限制

在疫情期间，几乎每个国家都为此制订了计划，尤其是东南亚国家，2003年非典暴发的记忆仍然历历在目。然而，两个关键的失败导致了疫情对全世界的沉重打击。首先，未能充分认识到病毒的传播速度，疫情因政府和有关部门的行动迟缓而进一步加剧。其次，未能预见到该病毒与过去的其他病毒不同，我们在高度不确定性中无法迅速行动。其他的不足来自未能认识到公共卫生领域数据收集的重要性，许多卫生系统在疫情之前的几年经历了严重的预算削减。在疫情蔓延全球后，全世界的卫生组织已不堪重负，甚至被拖垮；多国政府发现自己无法应对压力和不确定性。

我们的方法

疫情带来的一个关键启示是，傲慢终将导致失败。因此，我们需要迭代系统，迅速调整，并在事情不如预期时吸取教训。一个重要教训是，我们都在同一艘船上。未来，应对疫情需要全社会的参与，我们的恢复和重建也是如此。马来西亚的多元文化和各民族交汇是种独特的优势。我们的社会必须团结起来，并且继续合作，以应对影响我们所有人的危机。疫情期间最大的成就，就是在人们相互合作时实现的。我们从全球个人防护设备和其他需求的满足，以及疫苗的国际合作开发中认识到了这一点。这些成就也是在传统方法无法奏效时，创造性地打破常规而实现的。在马来西亚，遏制疫情传播的举措大多因行动迟缓、沟通无效和反应不及时而失败，这考验了人们的信任极限。它还引发了许多其他同时发生的危机，给人民带来了巨大的痛苦。在新常态下，迄今为止提出的恢复计划几乎没有被推进。对于从疫情中恢复和应对未来，昌明大马将吸取教训，同时纠正错误，以确保我们能迎接未来的挑战。

> **66 这是常态导致的。为了应对已知的和即将到来的疫情，我们要努力解决所有问题。我们必须构建一些更好的东西。99**
> —— Ed Yong, science journalist, *The Atlantic*, September 2020

目标人群 / 区域

在后疫情时代重建马来西亚，需要全社会的共同努力，我们的政策需要特别关注关键的人群和区域。虽然很容易将责任归咎于卫生部，但所有政府部门都是重要利益相关者，必须在应对未来的过程中发挥积极作用。我们的政策必须重点关注医疗保健人员，包括一线工作者、基本医疗保健员工，以及教育机构、移民、工人和被剥夺权利的族群。在制定旨在帮助马来西亚治愈创伤的政策时，必须充分考虑到公众的利益。

政策要素

疫情不仅使马来西亚陷入停滞，整个世界亦如此。昌明大马作为一个全面的社会框架，将有效地在全国范围内实现变革，使马来西亚从疫情中恢复并吸取教训，以便更好地为未来的危机做准备，并改进不足。

经济 / 金融层面

经济部门对于国家在危机时期保持健康和韧性至关重要。在这一领域，存在着巨大的改进机会。我们需要重新考量养老金、紧急基金、福利和现金储备的设立，以应对未来可能发生的，甚至严重性远超疫情的危机。一个真正关心人民福祉的政府，应将保护人民的财产权益作为首要任务。我们需要建立并储备更多可持续的基金，以应对未来的各种灾难。

与此同时，银行等企业需要在充满不确定性的时期，将更多的关怀、慈悲和尊重纳入规划中。在困难时期，贷款延期、信贷扩展和经济宽松政策不应成为争论焦点；反之，应建立相应的系统来减少损失和风险。马来西亚应该具备改善现金流的能力，但同时，也应为那些无法运用技术手段的人制定政策，确保没有人被遗漏（特别是非公民、乡村族群、年老及医疗条件不足的人）。所有被行动管制令（MCO）和标准作业程序（SOP）推动的创新都应被改进，用更符合昌明大马的方法替代，以便社会能够继续前进，或至少为下一次危机做好更充分的准备。我们现在制定的经济政策对于未来应对灾难的冲击、维护国家的繁荣和社会的信任至关重要。

法律层面

为了遏制疫情的传播，我们不得不做出巨大的牺牲，尤其是马来西亚这样的议会民主制国家。信任被侵蚀，繁荣被削弱，部分原因在于严酷的法律和过时的程序，同时引发了各种危机。立法者、政策制定者和司法部门将面临新的挑战，同时也需要寻求前瞻性的方法来保护人民的自由——这是正义向我们提出的高尚任务。在这个过程中，必须形成一个体现关怀、慈悲、尊重和繁荣的法律文化。法律术语必须清晰明了，并减少社会中的矛盾，以便法律与人民之间的信任可以持续，特别是关于数据、环境福祉和医疗保健的法律需要被扩充。昌明大马应该成为一个指导，以填补那些使某些精英能够从系统性腐败中获益的法律漏洞，并减少全社会（尤其是马来西亚最贫困者）所遭受的破坏。

> **法律和秩序是政体的良药，当政体生病时，必须施以治疗。**
>
> —— Bhimrao Ambedkar, Chairman of India's Constitution Draft Committee and India's First Minister of Law and Justice

机构层面

我们的机构需要提升水平，并培养更广泛的归属感；应专注于发挥自身的优势，弥补缺点，与其他机构合作，建立更强的信任和实现更可持续的发展。预测未来和数据分析应内置于我们的机构中，以应对社会和技术领域的转型。同时，关怀、慈悲和尊重需要成为建立人与机构信任的指导原则，使机构能够更好地服务于社会，形成一个更和谐的生态系统，从而更好地抵御未来的危机。我们需要恢复人民对专业知识的信任。由疫情引发的改革将从中受益，昌明大马应纳入政策实施中，同时机构也需要相互信任，以更可持续的方式从疫情中恢复。

教育层面

教育层面是一个典型的例子，它揭示了疫情之下暴露出的长期被忽视和未解决的问题，同时又带来了新的挑战。这导致年轻一代的马来西亚人在其成长的关键时期经历了无法弥补的教育中断，令人深感忧虑。昌明大马旨在解决使马来西亚教育系统陷入困境的诸多问题：腐败的奖学金计划、不合格的教师、不合适的基础设施、数字技术的鸿沟，以及定期抽查的局限性等。同时，课程中急需的改革（如强调历史、语言学习、更新过时学科、采用现代教学方法、加强技能培训、为数字革命做好准备等）被推迟，这对未来造成了损害。我们不仅需要更新破旧的学校设施，还需要开展新的计划，帮助那些因疫情和经济困难而落后的学生迎头赶上。后疫情时代，马来西亚所需的文化转变始于教室，昌明大马为培育充满关爱、富有慈悲心和尊重的人民提供了指导。当我们成功地将教育部门引向正轨时，我们就已经为未来的成功和繁荣奠定了坚实的基础，甚至构建了一种模式，以指导其他领域从疫情的阴霾中复苏，迈向更加美好的马来西亚。

社会层面

疫情的冲击削弱了社会的凝聚力，我们需要将新的担忧与旧的问题放在思考的首位，以便在吸取教训的基础上，更有效地重建我们的国家。昌明大马支持多元对话，这将帮助我们解决问题，并找到增强凝聚力与和平共处的创新方法。种族、民族、宗教和生活方式的差异，将成为可公开讨论的话题，以便更好接受马来西亚的多元性。在社会焦虑增加的时期，我们需要充分考虑人民的心理健康和个人偏好，这种焦虑往往由混乱的政策和不确定性所致。随着线下会议的回归，我们应该从公共卫生和个人尊重的角度反思并吸取教训。我们如何构建一个充满关爱和富有慈悲心的社会？我们如何重建社会的信任？在族群、自然和历史之间，哪些平衡被忽视了？这些问题需要通过使马来西亚整体繁荣的可持续政策来解决。

文化层面

昌明大马不总是推崇最新、最先进的东西，在追求进步的同时，它为我们提供了一个机会，让我们能够回顾历史并进行反思。马来西亚独特的文化赋予了我们多元性和复杂性，我们应重视这些特性，并更好地利用它们，在必要时完善它们，以推动马来西亚进入后疫情时代。我们应更好地尊重那些被忽视的本土智慧，以指导我们的政策，确保马来西亚不会失去多元的想法和观点，这些对未来的政策制定至关重要。我们应鼓励所有人参与文化活动，以消除信任和尊重方面的障碍，并开辟关怀与慈悲的新途径，使昌明大马成为社会的共同追求。我们的最高优先级是，对价值观和原则进行深刻反思，找到共同定义，以实现未来的共同目标。

城市层面

疫情凸显了城市的问题，导致几乎所有日常活动中断，企业倒闭，经济受损，仅剩下基本生存手段。我们需要将城市中心从隔离状态转变为机会中心。市政规划导致的不平等和基础设施不足需要重新被审视。当我们更好地尊重大自然，开放户外空间，拥有更好的交通并连接各个社区时，将使日常通勤变得更顺畅，让每个人都能享受城市生活。

乡村层面

在隔离期间，乡村发展严重被忽视，乡村与城市的差距进一步扩大，许多人被隔离在城市外，无法与亲人团聚，也无法获得援助。昌明大马将致力于弥补损失，改善乡村，并提供必要的基础设施，使其能够正常运行、保持自主。技术和基础设施的更新对于乡村地区的居民至关重要。同时，需要加强城市和乡村之间的流动性，以减少社区之间的裂痕。可持续性和创新可以指导乡村地区的革新，以满足居民需求，同时保留当地传统和文化。

健康领域

健康领域与教育层面的表现类似，疫情也揭示了其中的缺陷，并带来了新的问题。简而言之，我们的医疗保健体系并未对疫情做好充分准备。在疫情中，基础设施、工作人员、患者，以及维持马来西亚健康的众多层面都经受了巨大的考验。昌明大马旨在全面改革我们的医疗保健体系，以应对后疫情时代的挑战。这一改革不会一蹴而就，也不会轻松实现，需要社会各界的共同努力才能取得成功。我们所有的设施（包括医院、诊所、研究中心、教育中心及公共卫生基础设施）都需要进行检查和更新，以应对未来可能出现的各种情况。医疗保健专业人员应得到应有的尊重和补偿，以表彰他们所做出的巨大牺牲和所承担的重要职责。公众对公共卫生及其政策的理解也需要进一步加强。同时，我们应该培养马来西亚人在医疗保健和其他领域的创新和创业精神，同时解决心理健康、福祉和健康生活方式被忽视的问题。昌明大马的目标不仅是为后疫情时代做好准备，更是为了建立一个在全球范围内得到认可的医疗保健体系，以应对未来可能影响马来西亚的危机。

后常态维度

疫情期间及其后两任政府失败的一个重要原因是,缺乏对后常态维度的深刻认识。后常态时代实际上是一个过渡期,要求政府采取一种全新的思维方式和政策执行模式,这种模式应该是反复的、灵活的,同时在策略上也需要具备前瞻性。这种认识的基础在于,理解复杂的危机无法通过简单的命令来解决。昌明大马正是为了应对当前的和新的危机而设计的,它旨在提供一种全面的方法。昌明大马不仅考虑到变化的快速性,还充分考虑到变化本身所带来的不确定性和多变性。

复杂性

昌明大马在后常态时代的应用主要依赖于我们对现实的理解,即复杂性已成为常态。处理复杂性的一个常见误区是试图将其简化。复杂性并非如此运作,复杂的问题需要复杂的解决方案。否则,变量一旦发生变化,政策制定者就会迷失方向。我们面临的问题日益复杂,同时,我们的社会——包括家庭、社区,以及马来西亚在地区和全球事务中的地位——也变得日益复杂。因此,我们必须应对日益增加的复杂性。为此,我们将促进各部门之间的广泛合作,并考虑到快速变化的局势。政策本身应灵活多变,保留多种选择并赋予适当的优先权。最重要的是,必须建立政策调整的快速适应机制。

> “依赖运气是不可行的。世界需要开始为下一场疫情做准备。”
>
> —— Andy Plump, President for Research and Development at Takeda Pharmaceuticals and a cofounder of the Covid R&D Alliance, 18 May 2021

昌明大马

矛盾

疫情使我们的系统、社会和机构中的诸多矛盾浮出水面，这些矛盾亟待解决；但有些矛盾并不能被解决，我们需要超越它们。我们要对现有的法律、法规和政策进行全面审查，以消除那些加剧矛盾或自相矛盾的部分。昌明大马有助于揭示过去可能被忽视的矛盾——这些矛盾通常源于现代与传统、进步与增长、环境保护与经济发展之间的冲突，以及民主、资本主义和各种政治口号中的一系列矛盾。例如，政府要求人们"只需相信我们"，但这往往会引发人们的质疑。而大家所寻求的新常态实际上是回归旧有的模式，这在很多情况下正是众多当代问题的根源。

混乱

混乱对政府（尤其是民选政府）极具破坏性。昌明大马对后常态时代的认识将推动我们有意识地减少混乱（尽管这永远无法实现），同时专注于应对复杂性并进行解决矛盾的努力。我们的政府、卫生部门、教育部门、企业和社区将更好地应对混乱，并寻求更前瞻性的指导，以此为马来西亚的后常态时代引航。

同时性

疫情展示了同时发生的危机事件的糟糕情况，马来西亚遭受了政治、经济、社会和环境方面的冲击。在昌明大马下，马来西亚具备了同时处理多重事件的优势，并使用了跨部门和族群同步的工作方法。良好的跨部门沟通将极大地帮助我们处理同时性问题。良好的治理和领导力对于我们在后常态时代解决同时发生的问题至关重要。

未来/变革

常规政策可以用于纠正历史中的错误，改变现状，以应对当前的挑战，昌明大马则着眼于未来并保持对变化的接纳态度。我们必须对未来技术进行分析，以实施可持续的恢复计划，并为未来的问题和挑战制定前瞻性的发展策略。我们需要关注全球趋势，预测新问题，并对马来西亚、邻国及全球即将面临的健康和其他危机进行规划。对未来的研究应在政府各个部门内部制度化，以更好地实现昌明大马的政策愿景，并想出解决各种问题的最佳方案。

监督

监督对于后疫情时代的马来西亚至关重要，但必须以细致、关怀和尊重他人的方式进行。马来西亚需要一个更好的方式来公正地收集数据，保护公众隐私，并培养公众的大数据意识。在疫情期间，我们收集了大量的数据，需要对这些数据进行妥善管理，并防止腐败分子从中获益。同时，我们需要加强传统的报告和调查反馈机制，以确保昌明大马得到落实并达到预期效果。

赋能机构

为了将马来西亚引入后疫情时代,我们需要深刻改革。我们必须吸取前两届政府失败的教训,同时体现昌明大马的精神。以下政策为我们提供了指导原则,激励我们共同努力,建设更好的马来西亚。

我们必须消除疫情政策上的困惑和不确定性。我们对马来西亚人的健康状况的更新必须清晰明了,包括更好的教育内容和方法,以应对健康危机带来的问题。我们将启动对MySejahtera应用程序(注:部分媒体翻译为"吾安",是马来西亚为疫情而研发的应用程序)的全面审计,以确保其透明度,并且公共数据及所有收集的数据必须归人民和政府所有。

我们将展开对疫情、行动管制令、紧急状态声明、相关法律(如1988年传染病预防控制法)的调查,以及对部长和总理办公室在疫情中的相关行动展开调查,并成立皇家调查委员会。我们的目标是,进行必要的改变和纠正错误,为国会提供详细报告,以作为未来工作的基础。

与此同时,我们将进行对马来西亚医疗保健标准的第三方审计,特别关注医疗保健体系在采购、分配和现有疫苗计划中可能存在的内部腐败问题。在实施这次审计的同时,卫生部将负责对马来西亚所有医疗设施进行深入审查,评估公众对医疗基础设施的需求并找出医院(设施及供应)与人口比例之间的差异。

在国会中,我们将推动医疗保健立法,以减少马来西亚人面临的健康风险。我们还将建立一个新的公共卫生警示或编码系统，以告知公众可能存在的健康问题、预防措施及在出现症状时寻求帮助的方法。我们有责任制订一个提高医疗流动性的计划，以便在短时间内，在马来西亚各地迅速设立急诊诊所和卫生中心，同时为乡村和偏远地区提供定期的流动诊所服务。在此过程中，我们还需要确保资金充足，并与当地企业建立合作关系，以创新方式传播公共卫生知识。

在吸取教训的同时，我们要准备足够的资金，成立马来西亚流行病学研究所，推动疾病的治疗和疫苗的研发，力争使马来西亚在这一领域占有一席之地。为了应对潜在的心理健康危机，我们将成立马来西亚心理健康研究所。

为了应对疫情的次级影响，包括应对时间的流逝，我们将要求教育部组建一个特别工作组，处理"失去的一代"的问题，以解决学生教育中断的问题。我们还就区域和全球法规进行协商，以增加飞往马来西亚的航班，借助马来西亚旅游年的契机，实现旅游业的复兴。我们将为各个项目实行财务激励措施，并鼓励人们重返职场，以在未来的困难时期建立更加稳固的财务安全网和拥有筹资机会。为了协助人民改变社会观念，我们将开展一项感恩节活动，以表彰一线医疗工作者的辛勤付出，并举行会谈，以改善一线医疗工作者的工作条件。

为了在整个马来西亚赋予利益相关者地位，我们将实施税收优惠政策，以促进机构的改革。我们将采取自下而上的方式，增强公共卫生意识，平衡家庭和职场，并促进对心理和身体健康的更大保护。此外，我们还将与金融机构及社区领袖紧密合作，用一种长期方法来应对马来西亚即将面临的债务危机。我们将豁免不公平的债务，并为个人和家庭制定摆脱债务陷阱的具体策略。我们将提供资金和援助，以提高低收入群体的债务偿还能力，并使他们拥有财务管理能力。

为了从疫情中恢复，我们将设立新的紧急援助基金，并为食品、个人防护装备和其他紧急需求开发更好的系统。我们将制订迅速应对疫情的计划，并与贸易伙伴协商，实行采购策略，防患于未然。总体而言，必须启动国家应急计划的修订，该计划必须具有适应性，需要不断更新，并能够应对复杂性和被调整，以应对同时发生的危机。

这些初步政策将作为一个跳板，促进更包容的政策，这一切都受到民主精神的推动。这标志着"等着瞧""相信我们"的时代已经结束。通过引入昌明大马，我们将为马来西亚未来可能发生的任何事情做好准备。

> "知难行易。"
> —— Sun Yat-sen

昌明大马（SCRIPT）应对生活成本的运用

常规限制

当前关于生活成本、通货膨胀和食品安全的危机，是传统的不当处理方式导致的。这是贪婪、腐败及政府缺乏远见的后果。目前，政府只是在问题变得根深蒂固时才会采取行动，其遵循传统的思维模式，只关注扑灭眼前的火势，充其量只是应对当前的问题。我们应该在问题出现之前就带着远见主动采取行动。传统方式已经导致许多国家走向孤立和保护主义，但没有人是孤岛，我们不仅需要认识到自己在世界中的角色，还要理解那些日益增加的复杂性。由此催生了一个充满矛盾的、极度混乱的生态系统，然而，这些矛盾往往被忽视。我们需要全新层次的思考来应对生活成本、通货膨胀和食品安全等相互关联的危机。这一危机对人们的伤害是不可预估的，它加剧了金融和社会问题，如果不加以解决，将严重威胁国家的未来。

我们的方法

我们需要简单而深刻的方法来解决问题，但不要将大问题分解成小问题。我们所面临的挑战很复杂，需要相应的复杂的解决方案。因此，我们的思考必须保持复杂性，并且对复杂问题保持敏锐。立足基本经济原则，可显著改善食品安全、通货膨胀和生活成本方面的状况。我们还要强调平衡，避免激进的举措，并关注人文因素。由于缺乏规划会导致不彻底的解决方式，我们现在必须平衡短期的和长期的解决方案，以走出困境，同时构建更可持续的未来。

目标人群/区域

这里的目标人群代表着行动的起点。因此，政府内的所有部门都必须认真对待经济危机，并在实施解决方案中发挥作用。政策的关注对象必须是那些直接受到严重影响的人——马来西亚最贫困的人。当然，那些日益流动的马来西亚中产阶级及乡村地区的社群也需要我们的关注。在从农场到餐桌的过程中，必须考虑农民、中间人、市场、供应商和消费者的利益。我们必须密切关注进出口，并定位马来西亚在国际贸易体系中的角色。

政策要素

当前困扰我们的经济危机，也阻碍了我们从疫情的创伤中恢复过来，所以，在用昌明大马分析问题时必须考虑社会各个层面的观点和世界观。通过这一框架制定的政策，必须平衡人们的需求和满足关键行动者在其专业领域的需求，同时探索跨越各个行业的更强大、更全面的改革模式。

> 马来西亚的各种族、地区的人民必须坚信，他们在马来西亚的阳光下都有一席之地。

—— Sultan Nazrin Shah, The 2007 Young Malaysians' Roundtable Discussion on National Unity and Development in Malaysia

经济 / 金融层面

经济领域的理论和实践方法需要全面更新，并且必须跨越壁垒，突破舒适区。为应对当前经济危机而制定的政策，也可以被认为是马来西亚人性化经济模式的第一步。实施这一政策，致力于将关怀与慈悲、尊重和信任引入经济领域，并重新定义繁荣。与此同时，我们不仅需要超越一般的反应式解决方法，更需要培养前瞻性思维和实施长期解决方案，但同时也必须兼顾短期需求。如果我们想要复苏经济，就需要更可持续和创新的方法，以及开展必要的对话。

法律层面

我们在当前经济危机中面临的许多困境，源于法律执行不力，以及未能修订关乎经济福祉和国家生存的法律。法律部门将不得不审查和废除过时的法律，并设计新的法律框架，以减少社会根深蒂固的腐败现象，并协助农民、渔民和贫困人口。我们需要更严厉的惩罚来阻止腐败和剥削行为，而且收取的罚款应该用于赔偿受害者和改善社会。在农业和消费者方面，新的法律也应考虑政策的影响、环境的保护及国际法律。

> **法律必须发展和成长。我们不应该将自己孤立，而应通过借鉴其他普通法辖区的判例法以拓宽视野，从而采纳那些最适应马来西亚背景的法律。**

—— Sultan Azlan Shah, *Changing Face of Research*, Official Launch of Lawsearch, 1989

机构层面

我们需要消除消耗国家财富并摧毁国家未来的臃肿的、腐败的机构。我们需要创新性地建立新的机构来填补空缺，并提出新的关于农业和消费者的政策，以加强我们的经济实力。随着相关机构的变化，我们应当促成更广泛的跨机构合作，利用全新的社会化税收和资金筹措模式，消除马来西亚的贫困。机构应当赋予人民新的能力，人民可以展现一种崭新的文化，包括节制美德和环境关怀，让所有马来西亚人为国家的福祉而努力。

教育层面

经济危机通常成为学者思考的重点。社会往往把期望寄托在经济学家身上，希望他们能解决问题，但这是不合理的。经济学家和学者面临同样的问题：主要的经济理论日益与现实不相关，甚至是崩溃。因此，我们需要找到新的经济学模式，以人道、慈悲和可持续的角度思考，强调合作而不是无限制的竞争，并将其引入学术界和课堂。我们需要在中小学教育中教授人道经济学和强调环境问题。此外，我们需要鼓励大学进行农业研究，并通过创新技术和技能培训来改进我们的教育，以增强思维力和创造力。新的研究机构应该寻求技术创新与本土智慧的平衡，以最大限度地激发农业发展的潜力。

> '人道经济学'这个术语确实向我们提出了一个理论挑战。何为人道经济学？它是以人道为基础，还是植根于人文主义，抑或是人本主义经济学？然而，深入探讨这三种类型都不可避免地要回溯到自启蒙时代以来西欧的社会、经济及政治经验。同样，当安瓦尔呼吁构建文明社会时，也面临着类似的挑战。在安瓦尔的思想初期，他明确强调伦理道德、良好治理、责任，以及摆脱各种形式的剥削和权力滥用，其最终目标是实现正义，这一点非常明确。

—— Mohamed Aslam Haneef, *Anwar's Economics*, 2021

社会层面

如果要让昌明大马超越传统政府解决方案并产生持久效果,那就需要全社会的共同努力。我们应采取措施,促进日常生活中的环境保护。每一个人都应尽自己的努力,保护马来西亚的环境,减少垃圾和碳足迹。人道经济学依赖于马来西亚社会将关怀与慈悲、尊重和信任的价值观融入生活和工作中,并加强社会的凝聚力,增强对马来西亚经济的信心,从而极大地赋予人民追求个人经济目标的能力。

文化层面

与自然共存、尊重地球并反对腐败一直是马来西亚多元文化的元素。这种合作需要与创新思想和本土智慧相结合,并加以推广。现在比以往任何时候都更需要各行各业的人们团结一致。随着我们逐渐摆脱困境,城市和乡村必须相互扶持,各组织和团体也应承担起平衡经济的社会责任。回馈社会的文化应与关怀与慈悲的实践相结合,要开启一场关乎所有人的、现在和未来都可持续且有益的经济革命。

城市层面

马来西亚的城市已成为消费主义、能源消耗、环境退化及新自由主义社会"喧嚣"的中心。但这不是我们的命运。我们的城市可以在保持全球竞争力、舒适性和可持续性的同时，融合现代与传统。城市可以成为成功的催化剂，而不必成为地球毁灭和打压乡村的根源。我们必须改造城市，体现一种融合现代与传统的马来西亚式城市主义，同时与大自然和谐共存，提升城市和乡村居民的福祉。城市地区需要对乡村地区更加开放，使马来西亚成为一个经济进步的平衡国家，而不是目前的状况。目前，财富似乎永远无法触及底层。为了促使这些政策成功，国家的财富和风险应该由所有族群平等分担。

乡村层面

马来西亚的乡村地区正面临无声的生存危机。为了维护国家的多元文化，我们有责任确保乡村地区能在繁荣之中茁壮成长。乡村的声音必须成为主导，乡村要向马来西亚其他地区展示如何从经济衰退中实现自救。文化和技术必须平衡，以满足乡村居民的需求，同时保留他们的偏好，并赋予他们更大的独立性和自主权。政府需要加强城市与乡村之间的合作，实现流动，减少长期以来的失衡和不平等。同时，城市和乡村需要共同努力，寻找新能源和新的发展模式，以释放国家的全部潜力。

后常态维度

我们尚未深入理解当前经济危机中的所有后常态因素。但毫无疑问，在制定政策和处理当前问题时，必须牢记后疫情时代还未解

> 农业生态系统，与所有农业形式一样，必须满足以下基本要求：生产性强、可持续和有韧性。任何未能满足这些基本要求的农业形态，都将使我们面临饥饿或肥胖、糖尿病的威胁，并使生物圈陷入混乱——这在一定程度上正是我们当前面临的现状。

—— Colin Tudge, *The Great Re-Think*, p141

决的问题，包括国家之间的冲突，以及贸易和土地争端及其对供应链的影响。这些宏观问题需要与人们面临的微观问题平衡。我们当前的机构缺乏对这些方面的深入认识。理解当前的经济危机，不仅能使我们更全面地认识问题，还能确保我们的解决方案可持续，并能够长期发挥作用。

复杂性

在马来西亚乃至全球范围内，如果忽视经济问题的复杂性，则将面临严峻的挑战。我们有机会重新思考现代经济学，这是一个多次被复杂因素影响的新领域。如果我们的经济思维不够复杂，那么当前的困境将持续存在，并导致许多不可预见的后果。如果我们的经济政策能够尊重世界的复杂性，并理解这种复杂性会随着时间的推移而增加，那么我们就能平衡本地和全球影响，结束当前的徒劳的循环，解决生活成本和通货膨胀问题，并大步迈向繁荣昌盛。

矛盾

新自由主义经济学的内在矛盾已被全面揭露，导致许多实行这种经济体制的国家面临着严重的不平等问题，以及国家资源被滥用和掠夺的情况。新自由主义经济学阻碍了人们对繁荣的尝试。我们要重新审视我们的经济理论和做法，并确认它们都摆脱了发展、进步、平等、公平、自由和权力之间的明显矛盾。同时，我们也要关注主导马来西亚经济和公共政策的矛盾，解决我们所面临的系统性问题，并处理它们带来的直接后果。

混乱

当今社会对混乱问题的忽视、对处于混乱边缘的无能，以及对日益增长的复杂性和矛盾的无知，都增加了混乱事件的发生，这是我们面临经济危机的主要原因。我们在应对经济危机时制定的政策必须充分考虑混乱因素，以便能够减少意外。同时，我们需要拓宽视野，确保我们的机构和政策不臃肿、不过于复杂，以便减少出现混乱的可能性。我们还必须预防因应对紧迫危机的政策修订，以及引入更人性化的经济学而可能引发的混乱，以确保我们提出的政策能够指引我们通向所有马来西亚人所期望的未来。

同时性

当前的经济危机具有多重性质，这意味着如果我们希望改善人民的状况，就需要同时思考和行动。但是，我们需要考虑得更深入，因为我们必须同时在短期解决方案和长期目标上努力，同时完善对这两者的定义。此外，我们还需要考虑多元化人口及其在城市和乡村的影响，以及马来西亚的经济稳定性和在全球中的地位。这将需要通过多个部门的协调、合作和共同努力，以及整个马来西亚社会的积极参与来实现。

未来 / 变革

在用昌明大马应对生活成本、通货膨胀和食品安全等问题的过程中，必须将未来纳入考量。前瞻性的实践和洞察将极大地增加政策的长效性，并帮助我们应对那些尚未被预见的挑战。各机构和组织应该跟踪和分析新趋势及问题，同时进行规划，更好地实现目标。这对于在不忽视任何观点的情况下，平衡马来西亚的多种观点至关重要。同样，技术援助和解决方案也需要采用未来视角，以应对未来的问题。有关未来的理念应该深深植根于马来西亚的文化中，以确保马来西亚实现繁荣。

监督

监督将成为应对生活成本、通货膨胀和食品安全等的不确定性的关键。统计局要咨询马来西亚的经济专家，重新设定某些经济指标，比如贫困线，高收入群体、中等收入群体、低收入群体的标准，可供生活的最低工资等。通过更好地了解马来西亚的实际情况，我们要更有效地处理当前的问题。接下来，我们需要用技术和创新的解决方案来建立反馈机制，以便在困难时期快速响应并拥有更强的行动能力。我们需要持续审视，以建立评估马来西亚人道经济学的指标，在共建马来西亚时，这将成为形成关怀与慈悲、尊重和信任的关键。

赋能机构

以下政策采取了创新的方法来应对马来西亚面临的经济危机，弥补了常规政策的不足。这些政策体现了昌明大马，涵盖了我们的新方法、马来西亚的视角和后常态维度。

我们将引入一种新的公平税收体制，该体制允许通过慈善捐赠或针对缓解贫困、公共教育和公共卫生的政府合作协议来获得税务减免。此外，我们还将为公共服务，如电力、燃气和水服务提供税收优惠。在继续平衡当前的经济因素时，我们将削减石油税，重新调整汽油进出口计划，以减少出口，并稳定国内价格，同时避免对国际伙伴造成冲击。此外，我们还将为经过验证的拼车者、公共出行用户和减少家庭车辆的人，提供税务减免。

为了更好地了解马来西亚所面临的实际问题，我们将公布修订后的贫困线、最低生活标准、可居住/最低工资和其他经济指标，并更新我们的监督和报告系统，以更清楚地反映人民面临的经济问题。我们将修改家庭债务、取消FELDA垦殖民的债务、豁免沉重的学生债务，并取消在疫情期间累积的不公正债务，这些是至关重要的。同时，我们也将与金融机构合作，将延长暂缓期和降低利率作为债务纾困计划的一部分。展望未来，我们将通过企业税收减免来确保资金的充裕，从而解决因疫情救助而导致的雇员公积金（EPF/KWSP）减少的问题。为了立即解决高价问题，正如最近棕榈油价格上涨的问题，我们将引入一项政策，即当商品的价格飙升时，就减少10%的出口量，以平衡市场。同时，经济特别工作组也将寻求创新的长期解决方案（如有必要）来稳定市场。

在政府内部，我们将审查目前负责管理食品安全的职位、办公室、特别工作组和委员会，目的是增加储备，并实施新政策，以在马来西亚建立更可持续的农业市场。关键是，我们将修订农业和能源政策，特别关注那些被忽视的地区，尤其是砂拉越、纳闽和沙巴，并考虑所有人的需求和利益。与这些政策并行，我们将宣布一个与金融机构、技术和通信公司及当地农民合作的倡议，提供农业发展所需的技术和基础设施，并赋予农民更大的财务独立性，简化从农场到餐桌的过程，减少负担和其他风险。作为这一过程的一部分，我们还必须开始谈判，以消除中间人的腐败。

在国会中，我们将进行审查和改革，引入新的法律，允许农业旅游、对农民的帮助（从农场到市场）及对中间人的监管。我们还将审查马来西亚对消费产品的补贴，以增强农民和渔民的议价能力，同时为他们提供必要的扶持。鉴于马来西亚长期缺乏此类扶持，我们将为农民及其家庭设立养老金和困难救济基金，重点提供医疗和教育服务。更重要的是，我们将启动反垄断措施，以防止农业守门人和黑手党的形成。

为了更全面地改善基础设施和提升解决问题的能力，我们将采取一系列措施。我们将建立新的学校和研究机构，以创造新的教育模式和奠定研究基础。同时，我们将重新评估农业和土地津贴政策，以更好地整合新型技术（如智能农业），并深入探索食品领域的未来发展趋势，包括基因修改、实验室肉类、饮食革命等。

为应对经济、环境和可持续性之间的挑战，我们将启动全国性的堆肥收集计划。这一计划旨在让公众认识到城市和乡村堆肥化的重要性，以减少对进口化肥的依赖，并降低相关成本。此外，该计划将纳入一个全新的全国废物管理服务体系中，负责全面收集可回收物和适合捐赠的二手物品。我们还将重点关注城乡之间的紧密合作。我们将充分利用城乡空间（如屋顶、停车场、绿地等），将这些空间转化为本地化的农业用地、本地化的新能源中心，以促进资源的有效利用和环境的可持续性。

同时，为了推动能源转型，我们将宣布一项计划，将马来西亚的能源资源从煤炭转向新能源，特别是太阳能、风能、水能和其他替代能源。马来西亚的煤炭时代正式结束。为实现这一目标，我们将实施新的规定，改造公共照明系统，逐步将公共电力转向可再生的本地能源。此外，我们还将实施日间节能机制，并减少不必要的夜间照明。为确保这些努力的有效性，我们将对盗卖和削减商品补贴的行为实施更严厉的惩罚，并将重新调整罚款制度，用于支持农民和其他相关群体。

为了完善公共交通系统，交通部将负责实施和优先考虑一系列协调政策。我们将与地方层面紧密合作，提出新的路线规划、市政改造措施，并推动混合动力和替代汽车燃料的使用。此外，我们还将制定减少道路上汽车数量的政策，并鼓励公共出行。同时，为了加强国际贸易和提高自给自足能力，我们将成立一个跨部门工作组来修订国际贸易政策。该工作组将致力于寻找马来西亚可以进入的新市场，并改善与全球现有贸易伙伴的关系，同时避免引发保护主义、孤立主义。

鉴于我们面临的挑战可能迅速变化，我们将保持灵活性，并从错误中吸取教训。因此，我们高度重视人民的意见、想法，这是推动我们不断前进的重要力量。我们需要马来西亚人民的意见，以完善昌明大马，引导我们走向更大的成功。让我们携手合作，为马来西亚人民创造一个更光明、更繁荣的未来。

重点政策：
为了更辉煌的马来西亚

— 以昌明大马优化各个政府部门，平衡政府的各项投资，并减少不必要的部长级薪资和开支。

— 每个政府部门都需要制定一份战略路线图，以解决存在已久的问题，并在其职权范围内实施昌明大马。

— 全面启动人权审议。

— 全面启动对可持续性环境的审议。

— 取消低收入群体的过路费（政府将提供类似的数字过路证），并重新审视中等收入群体和高收入群体的过路费方案。

— 取消FELDA垦殖民的债务。

— 豁免低收入群体在国家高等教育基金会（PTPTN）中的债务。

— 重新审视每个项目的成本及对环境和人民生活的影响，必须详细考虑马来西亚的未来。

— 逐步对月收入11000林吉特及以上的群体增加税收，开始系统性的税制改革。

— 推出绿色新政策。

— 宣布基于昌明大马的复苏计划，增强人民的经济参与度，同时发展旅游业，并刺激国外的直接投资。

— 立法确立最低生活工资，为所有人民提供基本的经济生存保障。

— 宣布发展计划和实行特别资金分配，用于建设可负担的和可持续的房屋，帮助低收入家庭及移民工人。

— 建立一个包括联邦政府、地方政府、社区及企业领导者的组织，负责制定弹性工作时间和假期制度，以减少交通拥堵，并创造灵活且平衡的工作条件，同时增加雇员的福祉。

— 建立一个提供资金和奖学金的国家创新基金，用于开发创新的经济模式和商业经营方式，并将未使用或未充分使用的商场转变为科技城、企业孵化器、文化创新中心，以打造数字企业。

— 开展大型太阳能和风能项目，以及在马来西亚最贫困的州（吉打、玻璃市、吉兰丹、沙巴、砂拉越）建立培训中心、开展学徒计划和进行产业研究，以便使产业本土化。

— 建立电动汽车基础设施。

— 宣布教育课程改革计划，着重于历史和语言教育，以提高马来西亚的竞争力。

— 修改宪法，将总理的任期限制为两届。

— 启动民主电子化，包括对人民、政治人物，以及各个政府部门的问责和审查。

— 通过立法和制度改革，加强司法独立性及对警察的监督和问责。

— 改革监督和问责机构，以更有效地解决马来西亚的地方腐败问题。

— 改革马来西亚的税收方案，将所收费用重新用于满足人民的需求（如教育、医疗、公共服务等）。

— 引入立法机制，更好地承认以前未定义的人群、族群及其权利（如移民工人、难民等）。

— 为马来西亚的植物、动物等建立坚实的法律保护。

— 在大学中引入质量保护方案。

— 宣布大学的系统性改革和现代化计划，包括创建与新兴技术相关的学位，建立新兴学科，包括应对不确定性和动荡时期所需的新经济观念和方法，为未来的马来西亚高等教育系统做好准备。

— 在适当的机构中，建立大学乡村中心，用于研究和探索农业4.0和其他创新农业方案（如智能农业、利用GPS进行土壤扫描与资料管理、水耕法、藻类原料、无人机的使用、海水养殖、作物多样化等）。

— 建立独立的研究中心，并与工业4.0的各个层面直接连接。

— 在适当的地区建立乡村创新发展中心。

— 在全国建立具有未来洞察力的医疗保健体系，该体系必须考虑到我们从疫情中看到的心理和生理需求，并将昌明大马应用于医疗人员和患者，以及以前瞻性的研发方法，寻找专业的和创新的药物与治疗方案。

— 推出国家医疗援助系统或适当的国家医疗保险计划。

— 推出更广泛的社会养老金方案，必须包括农民、家庭及新型的工作方式（如零工经济）。

— 建立一个机构来促进企业慈善，并为非政府组织提供资金，以促进可持续性、关爱、慈悲、尊重。

— 在马来西亚建立一个艺术和手工艺合作的网络。

— 推出创新的旅游计划，如生态旅游。

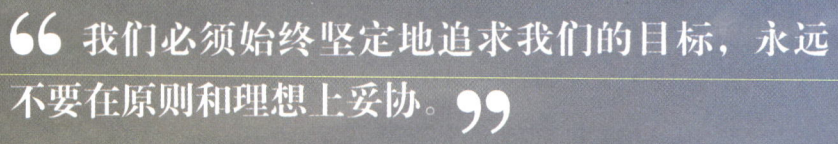

> 我们必须始终坚定地追求我们的目标，永远不要在原则和理想上妥协。
> —— Lim Kit Siang, former Leader of the Opposition in Malaysian Parliament

重点政策：为了更辉煌的马来西亚

后记

马来西亚社会迫切需要进行转变。这一转变是一次有意识的尝试，旨在以马来西亚的多元性为基础，在其丰富的历史背景和充满不确定性的当下，以及追求美好未来的过程中，为所有马来西亚人创建一个平等、包容的民主平台。这是一项需要所有人民共同参与的任务。烈火莫熄（Reformasi）的精神仍然在我们每个人心中燃烧，我们不能忘记第14届大选带来的动力；尽管首个希望联盟政府未能完全满足我们的期望，但我们必须铭记，22个月的时间对于我们所面临的艰巨任务来说是远远不够的，我们需要全面的、系统的改革。这种改革需要时间，而领导该政府的领袖并非改革者，因此，我们的希望并未熄灭，我们必须共同守护希望的火种。在不远的将来，它将再次熠熠生辉，成为众人瞩目的焦点，因为时机仍然掌握在我们手中。马来西亚人不仅有机会继续朝着更完善的民主和治理方向发展，还有机会树立崭新的全球标准。

这里提出的框架并非一成不变。本书是一系列灵活且持续的政策集合，随着情况的变化和我们对事物的进一步认知，它将不断被修订。昌明大马提供了一个政策库，对一些人来说，这将是全面的，但这些政策不可能一蹴而成。我们将通过不断努力，或成功，或失败，以寻求一个所有人都能看见并见证的成果。我们将系统性地开展工作，实施与特定时间和环境相关的政策，根据各种情况的变化，调整这些政策。这种方法将结束马来西亚过去的权力斗争，使我们超越种族偏见、金钱政治和空洞言辞，正如何塞·黎萨尔和赛胡先·阿拉塔斯等一再阐述的那样。现在，我们开始新的讨论并采取明智的行动，昌明大马旨在吸引所有马来西亚人，并邀请他们拥抱自己的未来，为同一个社会而努力，实现我们珍视的共同目标。这里详述的昌明大马并非全新概念，正如先前所述，"新"已经失去了它的光芒和意义。昌明大马是新的篇章，像所有在宏大叙述中优秀的后续章节一样，它拥有前瞻性和从经验中学习的能力，会不断升级。最后，人民将书写历史，后代将之铭记。通过拥抱复杂、理解混乱、超越矛盾，我们解决了昨天的空洞承诺导致的失败，引领马来西亚进入全新的篇章。在可持续性、慈悲的社会、尊重的文化及真正的创新精神基础上，在相互信任的光芒指引下，我们将共同迈向繁荣的未来。

致谢

昌明大马是我在40多年公共服务经历与对国家及未来深入思考中形成的结晶。我在政府工作的18年里，领导过多个部门，这些概念的种子在我心中生根发芽，并首次在我的著作《亚洲文艺复兴》中得以阐述。我曾试图从内部改变腐败的体系，但这一努力却引发了冲突，导致我被监禁。在过去的近20年里，我近乎有一半的时间是单独在监禁中度过的。然而，这段经历给予了我大量的时间用于阅读和做详细的笔记，使我能将自己的经历与来自世界各地、跨越多个领域的无数思想相匹配。烈火莫息运动、公正党、替代阵线、人民联盟和希望联盟的谈判与讨论，共同塑造并赋予了昌明大马发展的愿景与生命。在历史性的第14届大选和我出狱后，我意识到是时候将我所有的零散笔记、日记和先前的作品整合成一个可行的计划，以献给那些在2018年投票支持改革的马来西亚人民。为此，我召集了一批备受尊敬的思想家、策略家、经济学家、法律专家、政治学家和未来学家；我们共同工作了一年多，通过一系列的研讨会和交流会，精心打磨了昌明大马。尽管我们面临了诸多挫折，包括"喜来登政变"、疫情及随后出现的其他危机，但我们始终坚持学习，反复推敲细节，不断调整框架，以应对新出现的问题和变化。

我真诚地希望马来西亚采用这一框架来应对未来的挑战。

我感激所有在我监禁期间寄给我图书和阅读材料的人，你们的支持是我撰写本书的重要力量。同时，我要特别感谢已故的人类学家和作家梅里尔·温·戴维斯（Merryl Wyn Davies）——这位马来西亚人民的伟大盟友。在打磨昌明大马的早期阶段，她的友谊、建议和帮助对我意义重大。遗憾的是，她未能见证这一成果的出版。我还要深深感谢我的妻子阿兹莎、我的孩子们，以及我可爱的孙辈们。在这个日益不确定和混乱的世界中，他们是我的坚强后盾，时刻提醒我为何要付出这一切努力。

最后，我将这部作品郑重地献给马来西亚全体人民，以及我们共同构建的美好未来。我希望这部作品能激励未来的一代，让他们更有效地利用时间。本着这种精神，我引用了一位民族英雄何塞·黎萨尔在其著名小说 *Noli Me Tangere* 中的话：

> ❝ 我并非为这一代人写作，而是为其他时代写作。如果这一代人能读懂我的作品，他们会焚烧我的书籍——那是我一生的作品。然而，另一代人将会是受过教育的一代；他们将理解我，并会说：'在我们祖父母的年代，并非所有人都在沉睡。' ❞

参考资料

书籍和文章

Basma I. Abdelgafar, Public Policy: *Beyond Traditional Jurisprudence – A Maqasid Approach* (London, IIIT, 2018)

Ungku Abdul Aziz (ed), *Strategies for Structural Adjustment: The experience of Southeast Asia* (Kuala Lumpur, International Monetary Fund and Bank Negara Malaysia, 1990)

Ungku Abdul Aziz, S. B. Chew and J. S. Singh, *Proceedings of the Seminar on Higher Education and Employment in Malaysia* (Kuala Lumpur, Institute of Graduate Studies, University of Malaya, 1987)

Ungku Abdul Aziz, *Jejak-Jejak Di Pantai Zaman* (Kuala Lumpur, Universiti Malaya Press, 1972)

Ungku Abdul Aziz, *The Social Responsibility of the University in Asian Countries.* Proceeding of a Seminar, International Association of Universities (Paris, International Association of Universities, 1972)

Ungku Abdul Aziz, (1957) *Facts and fallacies on the Malay economy* (Kuala Lumpur, Department of Economics, University of Malaya, 1957)

Ungku Abdul Aziz, The Causes of Poverty in Malayan Agriculture, in: Problems of the Malayan Economy, Lim T. B. (eds) (Singapore, Donald Moore, 1956)

Tunku Abdul Rahman Putra Al-Haj, *First Malaysia Plan* (Kuala Lumpur, Prime Minister's Office of Malaysia, 1965)

Nicholas Agar, *How to be Human in a Digital Economy* (Cambridge, MIT Press,

2019)

Anne Alexander, Digital Generation, *Critical Muslim 1: The Arabs are Alive* (London, Hurst, 2012)

Bryan Alexander, *Academia Next: The Futures of Higher Education* (Baltimore, Johns Hopkins University Press, 2020)

Samuel Alexander and Joshua Floyd, *Carbon Civilisation and the Energy Descent Future: Life Beyond this Brief Anomaly* (Melbourne, Simplicity Institute, 2018)

Bhimrao Ramji Ambedkar, *Annihilation of Caste : an Undelivered Speech* (New Delhi, Arnold Publishers, 1990)

Arjun Appadurai, *The Future as Cultural Fact* (London, Verso, 2013)

Syed Hussein Alatas, *The Problem of Corruption* (Kuala Lumpur, The Other Press, 2018; original 1986)

Syed Hussein Alatas, *Intellectuals in Developing Societies* (London, Routledge, 2016; original 1977)

Syed Hussein Alatas, *Corruption and the Destiny of Asia* (London, Prentice-Hall, 1999)

Syed Hussein Alatas, *The Sociology of Corruption* (Singapore, Times Book International, 1986)

Kwame Anthony Appiah, *The Ethics of Identity* (Princeton, Princeton University Press, 2005)

Cemil Aydin, *The Idea of the Muslim World: A Global Intellectual History* (Cambridge, Harvard University Press, 2017)

James Barrat, *Our Final Invention: Artificial Intelligence and the End of the Human Era* (New York, St. Martin's Griffin, 2015)

Matthias Barth, *Implementing Sustainability in Higher Education: Learning in an Age of Transformation* (London, Earthscan, 2015)

Zygmunt Bauman, *Liquid Times* (Cambridge, Polity, 2007)

Zygmunt Bauman, *Liquid Modernity* (Cambridge, Polity, 2000)

Zygmunt Bauman and Ezio Mauro, *Babel* (Cambridge, Polity, 2016)

Malek Bennabi (translated by Asma Rashid), "The Conditions of Renaissance." *Islamic Studies* 40, no. 2 (2001)

James Bridle, *New Dark Age: Technology and the End of the Future* (London, Verso, 2018)

Gordon Brown, *Seven Ways to Change the World* (London, Simon & Schuster, 2021)

John M Bunzl, *The Simultaneous Policy* (London, New European Publication, 2001)

Mathew Burrows, *The Future Declassified: Megatrends that will undo the world unless we take action* (New York, Palgrave MacMillan, 2014)

Andrew Burt, The law is adapting to a world that has been eaten by software, *Financial Times*, 27 March 2017

Confucius, *The Analects of Confucius: A Philosophical Translation*, translated by Roger T. Ames and Henry Rosemont, Jr. (Ballantine Books, New York, 1998)

Carole Cadwalladr, Is democracy itself threatened by tech disruption?, *The Observer*, 18 December 2016

Carole Cadwalladr, "Google is not 'just' a platform. It frames, shapes and distorts how we see the world", *The Observer*, 11 December 2016

Michael Callon, Pierre Lascoumes and Yannick Barthe, *Acting in an Uncertain World* (Cambridge, The MIT Press, 2001)

Tang Ah Chai et al. (eds), 509: *The People Have Spoken: Essays on The Making of A New Malaysia* (Petaling Jaya, Strategic Information and Research Development Centre, 2018)

Ha-Joon Chang, *23 Things They Don't Tell You About Capitalism* (London, Penguin, 2010)

Aditya Chakrabortty, Your new iPhone's features include oppression, inequality and vast profit, *The Guardian*, 20 September 2016

Clayton M. Christiensen, Efosa Ojomo, and Karen Dillon, *The Prosperity Paradox: How Innovation Can Lift Nations Out of Poverty* (New York, Harper Business, 2019)

David Colander and Roland Kupers, *Complexity and the Art of Public Policy*

(Princeton, Princeton University Press, 2014)

Paul Collier, *The Future of Capitalism* (London, Allan Lane, 2018)

Stefan Collini, *Speaking of Universities* (London, Verso, 2017)

Robert Colvile, *The Great Acceleration* (London, Bloomsbury, 2016)

Robert Costanza, Lisa J. Graumlich and Will Steffen, editors, *Sustainability or Collapse? An Integrated History and Future of People on Earth* (Cambridge, MIT Press, 2011)

James A. Dator, *Advancing Futures: Futures Studies in Higher Education* (Westport, Praeger, 2002)

Jim Dator, Ray Yeh and Seongwon Park, "Campuses 2060: Four Futures of Higher Education in Four Alternative Futures of Society", In *Developments in Higher Education: National Strategies and Global Perspectives*. Academic Imprint Series / Penerbit USM. [Glugor], Pulau Pinang: Institut Penyelidikan Pendidikan Tinggi Negara, Penerbit Universiti Sains Malaysia. 198. 2013

Adrian Daub, *What Tech Calls Thinking* (New York, Farrar, Sraus and Giroux, 2020)

Patrick J Deneen, *Why Liberalism Failed* (New Haven, Yale University Press, 2018)

Daniel R. DeNicola, The Construction of Ignorance, *The Philosopher's Magazine*, 79, October 2017

Cheryl Desha and Karlson "Carlie" Hargroves, *Higher Education and Sustainable Development: A model for curriculum renewal* (New York, Routledge, 2014)

Tony Dolphin and David Nash (eds), Complex New World (London, Institute for Public Policy Research, 2012) p143

Peter Drucker and Bill Weideman, *Managing for the Future* (London, Routledge, 2013)

Joe Earle, Cahal Moran, and Zach Ward-Perkins, *The Econocracy: On the perils of leaving economics to the experts* (London, Penguin Random House, 2017)

Economics for Inclusive Prosperity, *Economics for Inclusive Prosperity: An Introduction* (econfip.org, 2018)

John L. Esposito and Ibrahim Kalin, *Islamophobia: The challenge of pluralism in the 21st Century* (New York, Oxford University Press, 2011)

Walter Erdelen, Introduction, Plenary Session 1 – Trends in Global Higher Education in *World Conference on Higher Education: The New Dynamics of Higher Education and Research for Societal Change and Development*, Unesco, Paris, 6–9 July 2009

Virginia Eubanks, *Automating Inequality: How High-Tech Tools Profile, Police and Punish the Poor* (New York, St Martin's Press, 2017)

Raymond A Eve, Sara Horsfall and Mary E Lee, *Chaos, Complexity and Sociology* (London, Sage, 1997)

Siddiq Fadzil, *On Islam & Being Malay* (Shah Alam, IDE, 2020)

Anas Alam Faizli, *Rich Malaysia, Poor Malaysians* (Petaling Jaya, Gerakbudaya, 2017)

Anwar Fazal, *Our Cities, Our Homes: People, Places and Passions* (George Town, Think City, 2018)

Christiana Figueres and Tom Rivett-Carnac *The Future We Choose: Surviving the Climate Crisis* (London, Manila Press, 2020)

Stuart Firestein, *Ignorance: How It Drives Science* (Oxford, Oxford University Press, 2012)

Lisa Firth (ed), *Issues 218: A Sustainable Future* (Cambridge, Independence, 2012)

Colleen Flaherty, "Doing Away With Departments", *Inside Higher Education* 17 November 2017

Peter Fleming, *The Death of Homo Economicus: Work, Debt, and the Myth of Endless Accumulation* (London, Pluto Books, 2018)

Silvio Funtowicz and Jerome Ravetz, Science for the Postnormal Age, *Futures 31* (7) 735-755, 1993

Martin Ford, *The Rise of the Robots: Technology and the Threat of Mass Unemployment* (New York, Basic Books, 2015)

Thomas Friedman, *Thank You for Being Late* (London, Allan Lane, 2016)

Antonio Garecia Martinez, *Chaos Monkeys: Inside the Silicon Valley Money*

Machine (London, Ebury Press, 2016)

Anand Giridharadas, *Winners Take All* (New York, Alfred A Knoff, 2018)

James Gleick, *Chaos: The Amazing Science of the Unpredictable* (London, Vintage, 1998)

Edmund Terence Gomez and Jomo K. S., *Malaysia's Political Economy: Politics, Patronage and Profits* (Cambridge, Cambridge University Press, 1997)

Ylenia Gostoli, How the Internet "punishes" Palestinians, *Aljazeera*. 2 February 2018

Stephen Gough and William Scott, *Higher Education and Sustainable Development: Paradox and possibility* (New York, Routledge, 2007)

Adam Greenfield, Radical Technologies: *The Design of Everyday Life* (London, Verso, 2017)

Nidhal Guessoum and Athar Osama (eds), *Science at the Universities of the Muslim World* (London, Muslim World Science Initiative, 2015)

Maartin A. Hajer, *The politics of environmental discourse: Ecological modernization and the policy discourse* (Oxford, Oxford University Press, 1995)

Byung-Chul Han, *In the Swarm: Digital Prospects* (Cambridge, MIT Press, 2017)

Byung-Chul Han, *Psycho-Politics: Neoliberalism and New Technologies of Power* (London, Verso, 2017)

Byung-Chul Han, *The Burnout Society* (Palo Alto, Stanford University Press, 2010)

Muhamed Aslam Haneef, Anwar's Economics, in Ziauddin Sardar, (ed), *Critical Muslim* 40: Biography (London, Hurst, 2021)

Yuval Noah Harari, The world after coronavirus, *The Financial Times*. 20 March 2020.

Yuval Noah Harari, *21 Lessons for the 21st Century* (London, Jonathan Cape, 2018)

M. Kamal Hassan, *Corruption and Hypocrisy in Malay Muslim Politics: The*

Urgency of Moral-Ethical Transformation (Kuala Lumpur, Emir Research, 2021)

Ricardo Hausmann et al., *The Atlas of Economic Complexity: Mapping Paths to Prosperity* (Cambridge, MIT Press, 2013)

Jeremy Heimans and Henry Timms, *New Power: How Anyone Can Persuade, Mobilize, and Succeed in Our Chaotic, Connected Age* (New York, Anchor Books, 2018)

Jon Henley, Finland blazes trail with basic income for the jobless, *The Guardian*. 4 January 2017

David W. Hicks, *Lessons for the Future: The missing dimension in education* (Oxford, Trafford Publishing, 2002)

John Hilary, *The poverty of capitalism: Economic meltdown and the struggle for what comes next* (New York, Palgrave MacMillan, 2013)

Hal Hill, Tham Siew Yean and Ragayah Haji Mat Zin (eds) *Malaysia's Development Challenges: Graduating from the middle* (London, Routledge, 2012)

Stephen Hopgood, *The Endtimes of Human Rights* (Ithaca, Cornell University Press, 2015)

Stephen Hopgood, Is this the end of the road for universal human rights?, *New Internationalist*, November 2013

Helena Horton, Microsoft deletes "teen girl" AI after it became a Hitler-loving sex robot within 24 hours, *The Telegraph*, 24 March 2016

Joaquim Huang, *A New Malaysia: Beyond Race, Politics and Religion* (Petaling Jaya, Strategic Information and Research Development Centre, 2015)

Amir Husain, *The Sentient Machine: The Coming Age of Artificial Intelligence* (London, Scribner, 2017)

Anwar Ibrahim, Justice for a Praying Person, *Critical Muslim* 37 (Winter 2021), 11-32

Anwar Ibrahim, *The Asian Renaissance* (Singapore, Times Book International, 1996)

Anwar Ibrahim, The Ummah and tomorrows world, *Futures* 23 (3) 302-310, 1991

Anwar Ibrahim, From Things Change to Change Things, in Ziauddin Sardar (ed), *An Early Crescent: The Future of Knowledge and the Environment in Islam* (London, Mansell, 1989)

Muhammad Iqbal, *The Reconstruction of Religious Thought in Islam*, translated by M. Saeed Sheikh (Stanford, Stanford University Press, 2012)

Harris Irfan, *Heaven's Bankers, Inside the Hidden World of Islamic Finance* (London, Constable, 2014)

Harris Irfan, Cryptocurrency and the Islamic Economy, *Critical Muslim* 29: Futures (London, Hurst, 2019)

Robert Jervis, *System Effects: Complexity in Political and Social Life* (Princeton, Princeton University Press, 1997)

Birgitta Jónsdóttir, Democracy in the digital era, *New Internationalist*. Jan/Feb 2015

Daniel Kahneman, *Thinking Fast and Slow* (New York, Farrar, Straus and Giroux, 2011)

John Kay and Mervyn King, *Radical Uncertainty: Decision-Making Beyond the Numbers* (New York, W.W. Norton, 2020)

Fatimah Binti Kari, Muhammad Mehedi Masud, Siti Rohani Binti Yahaya & Muhammad Khaled Saifullah, "Poverty within Watershed and Environmentally Protected Areas: the case of the *Orang Asli* in Peninsular Malaysia", *Environmental Monitoring and Assessment* volume 188, Article number: 173 (2016)

Bakare Kazeem Kayode, Abdulwasiu Isiaq Nasirudeenand Syed Mahbubul Alam AlHasani, The Should be Goal of Education: What should be taught? And How should it be taught? *Journal of Education and Practice* 7 (21) 138-143, 2016

Andrew Keen, *The Internet is Not the Answer* (London, Atlantic Books, 2015)

Andrew Keen, *Digital Vertigo: How Today's Online Social Revolution is Dividing, Diminishing, and Disorienting Us* (New York, Griffin, 2013)

Meg Keen, Valerie A. Brown, Rob Dyball (Eds), *Social learning in Environmental management: Towards a sustainable future* (London, Earthscan, 2005)

Muhammed Abdul Khalid, *The Colour of Inequality: Ethnicity, Class, Income and Wealth in Malaysia* (Petaling Jaya, MPH Group, 2014)

Eun Mee Kim, *The Four Asian Tigers: Economic Development and the Global Political Economy* (Bingley, Emerald Group Publishing, 1999)

Mervyn King, *The End of Alchemy: Money, Banking and the Future of Global Economy* (London, Little Brown, 2016)

Naomi Klien, *This Changes Everything: Capitalism vs. The Climate* (New York, Simon & Shuster, 2011)

Harold Koenig and Saad Al Shohaib, *Health and Wellbeing in Islamic Societies: Background Research and Applications* (New York, Springer, 2014)

Francis Loh Kok Wah and Khoo Boo Teik, *Democracy in Malaysia: Discourses and Practices* (Surrey, Curzon Press, 2002)

Ariane König, (ed), *Regenerative Sustainable Development of Universities and Cities* (Cheltenham, Edward Elgar, 2013)

Jomo Kwame Sundaram and Wee Chong Hui, *Malaysia @ 50: Economic Development, Distribution, Disparities* (Petaling Jaya, Strategic Information and Research Development Centre, 2014)

Kate Lamb, Muslim Cyber Army is trying to destabilise Indonesia, says police, *The Guardian.* 14 March 2018

Gerd Leonhard, *Technology vs. Humanity: The coming clash between man and machine* (London, Fast Future Publishing, 2016)

Harry Lewis, *Excellence Without a Soul: Does Liberal Education Have a Future?* (New York, PublicAffairs, 2007)

Liew Chin Tong, *The Great Reset: 100 Days of Malaysia's Triple Crisis* (Kuala Lumpur, REFSA, 2020)

Eric Liu and Nick Hanauer, *The Gardens of Democracy: A New American Story of Citizenship, the Economy, and the Role of Government* (Seattle, Sasquatch Books, 2011)

Heila Lotz-Sisistka, Arjen E. J. Wals, Transformative, transgressive social learning: *rethinking higher education pedagogy in times of systemic global dysfunction, Current Opinion in Environmental Sustainability*, 16: 73-80, 2015

Shaharuddin Maaruf, *Malay Ideas on Development: From Feudal Lord to Capitalist* (Petaling Jaya, Strategic Information and Research Development Centre, 2014)

Stephen J. Macekura, *The Mismeasure of Progress: Economic Growth and Its Critics* (Chicago, University of Chicago Press, 2020)

Maszlee Malik, *Memories Not Memoir: 20 Months of Education Reform* (Petaling Jaya, Strategic Information and Research Development Centre, 2022)

Paul Mason, *Post Capitalism: A Guide to Our Future* (London, Penguin Random House, 2015)

Ehsan Masood, *The Great Invention: The Story of GDP and the Making and Unmaking of the Modern World* (New York, Pegasus Books, 2016)

Amy Maxmne, Has COVID Taught Us Anything About Preparedness? *Nature*. Vol 596. 19 August 2021

Mariana Mazzucato, Mission Economy: *A Moonshot Guide to Changing Capitalism* (London, Allen Lane, 2021)

Mariana Mazzucato, *The Value of Everything: Making and Taking in the Global Economy* (London, Allen Lane, 2018)

Maxwell J Mehlman, *Transhumanist Dreams and Dystopian Nightmares* (Baltimore, John Hopkins University Press, 2012)

Anthony Milner, *Kerajaan: Malay Political Culture on the Eve of Colonial Rule* (Petaliing Jaya, Strategic Information and Research Development Centre, 2016)

Pankaj Mishra, *Bland Fanatics: Liberals, Race, and Empire* (New York, Farrar, Straus and Giroux, 2020)

Pankaj Mishra, *The Age of Anger: A History of the Present* (New York, Farrar, Straus and Giroux, 2017)

George Monbiot, *How Did We Get into This Mess* (London, Verso, 2017)

Anne Munro-Kua, *Autocrats vs The People: Authoritarian Populism in Malaysia* (Petaling Jaya, Suara Inisiatif, 2017)

Shankaran Nambiar, *Malaysia: An Economy at the Edge of Transformation* (Petaling Jaya, Strategic Information and Research Development Centre, 2019)

Ashis Nandy, *An Ambiguous Journey to the City* (Delhi, Oxford University Press, 2001)

Ashis Nandy, Bearing witness to the future, *Futures* 28 6-7 636-639, 1996

Ashis Nandy, *Traditions, Tyranny and Utopias: Essays in the Politics of Awareness* (Delhi, Oxford University Press, 1987)

Tom Nichols, *The Death of Expertise: The Campaign against Established Knowledge and Why it Matters* (New York, Oxford University Press, 2017)

Shihab al-D ñ al-Nuwayŕ, *The Ultimate Ambition in the Arts of Erudition: A Compendium of Knowledge from the Classical Islamic World*, edited and translated by Elias Muhanna (New York: Penguin, 2016; originally written circa 1333)

Safiya Umoja Noble, *Algorithms of Oppression: How Search Engines Reinforce Racism* (New York, NYU Press, 2018)

Zainulbahar Noor and Francine Pickup, Development 2030: Zakat requires Muslims to donate 2.5% of their wealth: could this end poverty? *The Guardian*. 22 June 2017

Helga Nowotny, *The Cunning of Uncertainty* (Cambridge, Polity Press, 2016)

Marth C. Nussbaum, *The Cosmopolitan Tradition: A Noble But Flawed Ideal* (Cambridge, The Belknap Press, 2019)

Mark O'Connell, *To Be a Machine*: Adventures Among Cyborgs, Utopians, Hackers, and the Futurists Solving the Modest Problem of Death (London, Doubleday, 2017)

Cathy O'Neil, *Weapons of Math Destruction: How Big Data Increases Inequality and Threatens Democracy* (London, Allan Lane, 2016)

Taylor Owen, *Disruptive Power*: The Crisis of State in the Digital Age (Oxford, Oxford University Press, 2015)

Scott E. Page, *Diversity and Complexity* (Princeton, Princeton University Press, 2011)

Thomas Picketty, *Capital and Ideology* (Cambridge, The Belknap Press, 2020)

Thomas Picketty, *Chronicles On Our Troubled Times* (New York, Viking, 2016)

Thomas Picketty, *Capital in the 21st Century* (Cambridge, Harvard University Press, 2014)

David Pilling, *The Growth Delusion: The Earth and Well-Being of Nations*

(London, Bloomsbury, 2019)

Andy Plump, Luck is not a strategy. The world needs to start preparing for the next pandemic, *Stat*, 18 May 2021

David H. Price, *Weaponizing Anthropology* (Petrolia, Counterpunch, 2011)

Robert N. Proctor and Londa Schiebinger, *Agnotology: The Making and Unmaking of Ignorance* (Stanford, Stanford University Press, 2008)

Azly Rahman, Controlled Chaos: *Essays on Malaysia's New Politics Beyond Mahathirism and the Multimedia Super Corridor* (Petaling Jaya, Strategic Information and Research Development Centre, 2015)

Amol Rajan (ed), *Rethink: Leading Voices on Life After Crisis and How We Can Make a Better World* (London, BBC Books, 2021)

Raghuram Rajan, *The Third Pillar: How Markets and the State Leave the Community Behind* (London, Penguin, 2019)

Martin Rees, *Our Final Century: Will Civilization Survive the Twenty-First Century* (London, Arrow, 2004)

Richard Rorty, *Pragmatism as Anti-Authoritarianism* (Cambridge, The Belknap Press, 2021)

Alec Ross, *The Industries of the Future* (London, Simon & Schuster, 2016)

Arundhati Roy, The pandemic is a portal, *The Financial Times*. 04 April 2020

Helen Russell, *The Atlas of Happiness* (London, Two Roads, 2018)

Edward W. Said, *The Politics of Dispossession: The Struggle for Palestinian Self-Determination, 1069-1994* (New York, Ballentine Books, 1994)

Edward W. Said, *Orientalism* (Oxford, Routledge & Kegan Paul, 1978)

Michael J. Sandel, *The Tyranny of Merit: What's Become of the Common Good* (London, Allen Lane, 2020)

Ziauddin Sardar, *Future: All That Matters* (London, Hodder & Stoughton, 2013)

Ziauddin Sardar and Jeremy Henzell-Thomas, *Rethinking Reform in Higher Education: From Islamization to Integration of Knowledge* (London, IIIT, 2017)

Ziauddin Sardar, Jordi Serra, and Scott Jordan, *Muslim Societies in Postnormal*

Times: Foresight for Trends, Emerging Issues and Scenarios (London, IIIT, 2019)

Ziauddin Sardar (ed), *The Postnormal Times Reader* (London, Centre for Postnormal Policy and Futures Studies, 2017)

Ziauddin Sardar (ed), *Critical Muslim 7: Muslim Archipelago* (London, Hurst, 2013)

Ziauddin Sardar (ed), *Critical Muslim 29: Futures* (London, Hurst, 2019)

Ziauddin Sardar (ed), with Afterword by Anwar Ibrahim, *Emerging Epistemologies: The Changing Fabric of Knowledge in Postnormal Times* (London, IIIT, 2022)

Samuel Scheffler, *Why Worry About Future Generations?* (Oxford, Oxford University Press, 2018)

Klaus Schwab, *The Fourth Industrial Revolution* (London, Currency, 2017)

Joel Sawat Selway, *Coalition of Wellbeing: How electoral rules and ethnic politics shape health policy in developing countries* (New York, Cambridge University Press, 2015)

Will Schutz, *Profound Simplicity* (Muri Beach, WSA, 1988)

Amaryta Sen, *Collective Choice and Social Welfare* (London, Penguin, 2017)

Amaryta Sen, *The Idea of Justice* (London, Penguin, 2009)

Armarta Sen, *Identity and Violence: The Illusion of Destiny* (Penguin, Delhi, 2006)

Amaryta Sen, *The Ethics of Economics* (Delhi, Oxford University Press, 1999)

Sultan Azlan Shah, *Fifty Years of Constitutionalism and the Rule of Law*, Opening Address of the 14th Malaysian Law Conference, Kuala Lumpur, 29 October 2007

Sultan Azlan Shah, Ninth Yang di-Pertuan Agong of Malaysia, *Changing Face of Legal Research*, Official Launch of Lawsearch, 14 April 1989

Sultan Nazrin Shah, *Striving for Inclusive Development* (Shah Alam, Oxford University Press, 2019)

Mimi Sheller, *Mobility Justice: The Politics of Movement in an Age of Extremes*

(London, Verso, 2015)

Nejatullah Siddiqui, My life in Islamic economics, *Critical Muslim 15: Educational Reform* (London, Hurst, 2015)

P W Singer and Emerson T Brooking, *Like War: The Weaponization of Social Media* (Boston, Houghton, Mifflin, Harcourt, 2018)

Adam Smith, *The Wealth of Nations* (New York, Bantam Dell, 2003)

David J Snowden and Mary E Boone, A Leader's Framework for Decision Making, *Harvard Business Review*, November 1–8 November 2007

Kua Kia Soong, *Racism & Racial Discrimination in Malaysia* (Petaling Jaya, Suara Inisiatif, 2015)

Kate Soper, *Post-Growth Living* (London, Verso, 2020)

Jess Staufenberg, Political cyberhacker Andrés Sepúlveda reveals how he digitally rigged elections across Latin America, *The Independent*, 2 April 2016

Stephen Sterling, Larch Maxey, Heather Luna, editors, *The Sustainable University: Progress and Prospects* (London, Taylor & Francis, 2014)

Wolfgang Streeck, *How Will Capitalism End* (London, Verso, 2016)

Donald Sull and Kathleen M Eisenhardt, Simple Rules: *How to Thrive in a Complex World* (Boston, Houghton, Mifflin, Harcourt, 2015)

Cass R. Sunstein, *How Change Happens* (Cambridge, MIT Press, 2019)

Richard Susskind and Daniel Susskind, *The Future of Professions: How Technology will Transform the Work of Human Experts* (New York, Oxford University Press, 2015)

Jamie Sussking, *Future Politics* (Oxford, Oxford University Press, 2018)

R. J. Swart, P. Raskin and J. Robinson, The problem of the future: sustainability science and scenario analysis, *Global Environmental Change* 2004, 14: 137-146

Richard Swift, *S. O. S. Alternatives to Capitalism* (Oxford, New Internationalist Publications, 2014)

Nassim Nicholas Taleb, *Skin in the Game: Hidden Asymmetries in Daily Life* (London, Penguin, 2019)

Robert J. Tata, *The Poverty of Nations* (Lanham, University Press of America, 2012)

Jonathan Taplin, *Move Fast and Break Things: How Facebook, Google and Amazon have cornered culture and undermined democracy* (London, Pan Books, 2017)

Max Tegmark, *Life 3.0: Being Human in the Age of Artificial Intelligence* (New York, Penguin Random House, 2017)

Khoo Boo Teik, *The Making of Anwar Ibrahim's "Humane Economy"* (Singapore, ISEAS Publishing, 2020)

Tommy Thomas, *Anything but the Law: Essays on Politics & Economics* (Petaling Jaya, Strategic Information and Research Development Centre, 2016)

Eric C. Thompson, *Unsettling Absence: Urbanism in Rural Malaysia* (Singapore, NUS Press, 2007)

Helen Thompson, *Disorder: Hard Times in the 21st Century* (Oxford, Oxford University Press, 2022)

Henry Timms and Jeremy Heimans, *New Power: How It's Changing the 21st Century and Why You Need to Know* (London, Macmillan, 2018)

Patrick Tucker, *The Naked Future: What Happens in a World That Anticipates Your Every Move?* (London, Current, 2014)

Colin Tudge, *The Great Re-Think: A 21st Century Renaissance* (Pari, Pari Publishing, 2021)

UNESCO, *Transforming the Future: Anticipation in the 21st Century* (London, Routledge; Paris, UNESCO, 2018)

David Wallace-Wells. The Uninhabitable Earth: Famine, economic collapse, a sun that cooks us: What climate change could wreak – sooner than you think, *New York Magazine*, July 2017

Arjen E. J. Wals, Michael Brody, Justin Dillon, Robert B. Stevenson, Convergence between science and environmental education, *Science*, 344: 583-584, May 2014

Toby Walsh, *Android Dreams* (London, Hurst, 2017)

Peter Watson, *The Age of Nothing: How We Have Sought to Live Since the Death of God* (London, Weidenfeld and Nicolson, 2014)

Daniel Yergin, *The New Map: Energy, Climate, and the Clash of Nations* (London, Allen Lane, 2020)

Yeo Bee Yin, *The Unfinished Business* (Kuala Lumpur, REFSA, 2022)

Kunio Yoshihara, *The Rise of Ersatz Capitalism in South-East Asia* (Singapore, Oxford University Press, 1988)

Ed Yong, How the Pandemic Defeated America, *The Atlantic*, September 2020

Muhammad Yunus, *A World of Three Zeroes* (London, Scribe, 2017)

Imtiyaz Yusuf (ed), *Multiculturalism in Asia: Peace and Harmony* (Bangkok, Konrad Adenauer Stiftun, 2018)

Fareed Zakaria, *Ten Lessons for a Post-Pandemic World* (New York, W. W. Norton, 2020)

Shoshana Zuboff, *The Age of Surveillance Capitalism: The Fight for a Human Future at the New Frontier of Power* (New York, Public Affairs, 2019)

社论

The Guardian, The Anthropocene epoch: scientists declare dawn of human influenced age, 29 August 2016

New Scientist, Ten Discoveries that would transform what it means to be human, 8 August 2015

Newsweek, The Future of Farming, 30 October – 6 November 2015

Popular Science, The Future of Food, October 2015

Wired, GMOs, October 2015

Wired, Virtual Reality, September 2018

报告

Ungku Abdul Aziz, S. B. Chew, K. H. Lee, and B. K. Sanyal, *University education and employment in Malaysia*, International Institute for Educational Planning (IIEP) Research. Report No. 66. 1988

Tengku Aizan Tengku Abdul Hamid, Population Aging in Malaysia: *A Mosaic of Issues, Challenges and Prospects*, University Putra Malaysia Press, Serdang, 2015

Boston Consulting Group, *Advancing an Inclusive Malaysia: Redeeming Malaysia's Lost Decades*, 11 December 2018

Chartered Institute of Personnel and Development, The Future of Talent in Malaysia 2035, London, January 2019

Future Timeline. net, The last job on Earth: imagining a fully automated world, 2016

Noor Azlan Ghazali, Re-Designing Malaysia's Economic Growth, Universiti Kebangsaan Malaysia, 2018

International Labour Organization, Labour market trends analysis and labour migration from South Asia to Gulf Cooperation Council countries, India and Malaysia, 2015

Martin Prosperity Institute, *The Global Creativity Index 2015*, 2015

Suresh Naidu, Dani Rodrick and Gabriel Zucman, Economics for Inclusive Prosperity, January 2019

OECD, Innovation and Growth: Rationale for an Innovation Strategy, 2017

PEW Research Centre, Nearly all Muslims, Jews, Hindus live in countries where their group was harassed in 2015, 2017

The Royal Society et al., The Atlas of Islamic World Science and Innovation, 2014

Runnymede Trust, A 20th Anniversary Report: Islamophobia still a challenge for us all, 2017

United Nations Human Development Program (UNDP), Human Development Report, 2014

UNESCO, The Future of Scientific Advancement to the United Nations, 2016

UNESCO, Learning to live together, 2016

World Economic Forum, The Future of Jobs, 2016

Matthieu De Clercq, Anshu Vats and Alvaro Biel, Agriculture 4.0: The Future of Farming Technology, World Government Summit, 2019

纪录片

HyperNormalisation, Produced and Directed by Adam Curtis (London, BBC, 2016)

Dirty Money, Produced by Adam Del Deo at al (Netflix, 2018, 6 Episode)

The Great Beast That is the Global Economy, Directed by Adam McKay (Amazon Prime Vedio, 2019)

The Social Dilemma, Directed by Jeff Orlowski (Netflix, 2020)

> 在错误和正确的观念之外有一片田野。我会在那里与你相见。
>
> —— Rumi